Future Curriculum Design

미래형교육과정을

김현섭
장슬기
디자인하다 개정 증보판

수업디자인 연구소
INSTRUCTION DESIGN INSTITUE

미래형 교육과정을 디자인하다

1판 1쇄 발행 2019년 08월 08일
2쇄 발행 2020년 08월 21일
3쇄 발행 2021년 04월 26일
4쇄 발행 2023년 04월 10일

저　　자 김현섭, 장슬기

발 행 인 김성경
교정 및 윤문 염지선, 김하림
디 자 인 오현정, 채송희
발 행 처 수업디자인연구소　www.sooupjump.org
도서문의 031-502-1359　　eduhope88@naver.com
주　　소 경기도 군포시 대야2로 147, 201호

추천사

주어진 교육과정과 만들어가는 교육과정, 우리는 그동안 어떤 길을 걸어왔는가? 미래 교육을 준비하기 위해서는 교육과정 재구성을 넘어 교육과정 편성과 편제에 관한 상상력을 바탕으로 한 다양한 실험과 실천이 필요하다. 이 책은 다양한 실천 사례를 기반으로 교육과정에 관한 우리의 상상력과 실천을 자극한다. 저자들의 실천적 경험과 관점이 이 책에 응축되어 있다.

김성천 한국교원대 교수

수업이 바뀌고, 학생 평가의 패러다임이 바뀌고 있다. 교사 주도형 강의식 수업은 참여형 수업으로, 변별과 선발 위주의 결과 중심 평가는 학생의 성장과 발달을 돕는 과정 중심 평가로 변화하고 있다. 수업과 평가의 변화 흐름에 맞추어 교육과정 문해력에 기반을 둔 교육과정 재구성이 강조되고 있는 상황에서, 이 책은 교육과정-수업-평가 혁신을 위한 안내서로서 역할을 할 수 있으리라 기대한다.

여미성 서울시교육청 장학관

불확실성을 특징으로 하는 미래사회를 살아갈 아이들에게 가장 필요한 역량이 무엇일까? 그것이 교육과정 고민의 출발점이다. 이 책은 우리가 궁금해 하는 미래교육의 방향과 방안, 교육현장의 다양한 시도 등 미래교육을 둘러싼 여러 담론을 진지하고 알기 쉽게 풀어내고 있다. 특히 미래형 교육과정을 어떻게 설계할 것인가에 대해 많은 아이디어를 던져 주는 책이다.

안기주 대구시교육청 장학사

모든 학생들에게 배움과 성장이 있는 미래 교육의 이야기를 비장한 마음으로 전하는 책. 미래를 준비하는 교육자들에게 강추!

이상찬 별무리중고등학교 교감

최근 학교 혁신을 넘어 미래교육에 대한 관심이 높아지고 있다. 교육환경의 변화에 발빠르게 대처하기 위해서는 그 흐름을 정확하게 읽고, 이를 개인이 속한 공동체에서 적절하게 풀어내는 역량이 필요하다. 이 책은 미래사회를 엿보는 놀라운 경험과 교육이 이 변화에 대응하는 값진 지혜를 제공해주고 있다. 장황하고도 값싼 정보로 채워진 수많은 도서 가운데 지식과 지혜의 정수를 담고 있는 이 책은 더욱 빛난다. 이 책이 대한민국의 미래교육에 큰 기여를 할 것으로 기대하며.

최재화 경기 매화고 혁신부장 교사

이 책은 교육과정의 범위와 진화하는 미래를 그려낸 교육과정 지침서이다. 다양한 이슈와 주제로 교육과정 리터러시를 습득하는데 유용한 자료가 될 것이며, 교육과정의 지혜와 혜안을 담아낸 교사 학습 공동체의 필독서가 될 것이다.

임재일 용인 서원초 교사

개정증보판 서문

2019년 초판이 나온 뒤 1쇄 만에 개정 증보판을 서둘러 내게 된 이유는 그동안 코로나19 문제로 인하여 교육 환경이 크게 바뀌게 되었기 때문이다. 2019년 우리나라 교육계 이슈 중의 하나는 현직 교사의 유튜버 참여 문제를 둘러싼 찬반 논란이었다. 일부 사람들은 현직 교사가 유튜버로서 수익을 거두게 되는 것은 겸직 위반이라고 비판했고, 또 다른 사람들은 교사의 개인 자유로서 최대한 존중해주어야 한다고 이야기했다. 결국 교육부까지 이 문제가 논의가 되어 현직 교사의 유튜버 참여 관련 복무 지침까지 마련되어 공문 시행되었다. 그런데 2019년 12월 중국 우한에서 시작된 코로나19가 우리나라 뿐 아니라 전 세계에 유행하였다. 우리나라의 경우, 2020년 3월 개학이 일단 미루어지다가 결국 4월 전격적인 온라인 개학이 이루어지면서 모든 학교에 온라인 수업이 전격 도입되었다. 그 바람에 모든 교사가 유튜버화가 되는 현상(?)까지 벌어졌다. 학생들은 가정에서 온라인 학습을 하면서 일종의 홈스쿨링을 경험하게 되었다. 학부모들은 온라인 수업을 통해 학교나 교사가 어떻게 일상 수업을 하는지 바라볼 수 있게 되었다. 불과 1년 전만 해도 2020년 교육 환경이 이렇게 바뀌게 될지 예측한 사람은 아무도 없었다.

미래 사회의 특징은 예측 불가능하고 변화의 속도가 예전보다 빠르다는 것이다. 그래서 교육 환경도 그만큼 많이 변화할 수밖에 없는 상황이다. 이에 따라 교육계도 미래 교육 담론이 더욱 풍성하고 다양한 논의들이 진행되고 있는 상황이다.

이번 개정증보판에서는 온라인 수업과 블렌디드 러닝 체제를 통한 새로운 교육과정의 상상력을 열어볼 수 있도록 관련 내용을 새롭게 첨가하였다. 이 책이 미래교육을 열어가는 미래학교를 준비하는 분들에게 실질적인 도움이 되길 진심으로 바란다.

2020년 7월 15일

저자

┃ 혁신 교육에서 미래 교육으로!

혁신의 사전적 의미는 잘못된 것, 부패한 것, 만족스럽지 못한 것 등을 고치는 것이다. 개혁이나 개선이 기존의 틀을 유지한 채 부족한 부분을 변화시키는 것이라면, 혁신은 틀 자체를 바꾸어 문제를 해결하는 것이라 할 수 있다.

예컨대 애플의 아이폰은 기술 혁신의 산물이었다. 기존의 휴대 전화에 컴퓨터, 계산기, 사진기, 게임기 등의 기능을 결합시킨 스마트폰은 IT 시장의 틀 자체를 바꾸었고, 그 결과 스마트폰은 일상생활에서 매우 중요한 위치를 차지하게 되었다.

교육 분야에도 혁신이 필요할까? 오늘날 우리 교육이 교육 주체들을 만족시키고 있다면 혁신은 필요하지 않을 것이다. 하지만 아쉽게도 그렇지 않다. 사회적 합의가 부족한 교육 철학, 추상적인 교육 목표, 다양한 학생들의 필요를 충족시키지 못하는 교육과정, 강의식 수업에서 크게 벗어나지 못하는 수업 방식, 입시 제도로 인해 왜곡된 평가 등 한국의 교육은 학생, 학부모, 교사 어느 쪽도 만족시키지 못하고 있는 상황이다. 개선을 위해 끊임없이 노력해 왔지만 이러한 노력은 만족할 만한 수준의 변화로까지 연결되지는 못했다.

게다가 교육 문제는 정치 문제이자 경제 문제이다. 교육 정책에는 정치 진영 논리가 반영되고, 가정 경제에서 자녀 교육비가 차지하는 비중은 부동산 다음으로 높다. 이처럼 교육 문제에는 다양한 이해관계가 얽혀 있다. 또한 다들 교육 문제에 대해서만큼은 하고 싶은 이야기가 많기에 교육 혁신은 쉽지 않은 일이다.

교육 혁신이라는 단어가 보편적으로 사용되기 시작한 것은 진보 교육감이 등장하면서부터 진보 진영에서 '혁신 교육'이라는 단어를 사용하면서 혁신 교육, 혁신 학교 등이 하나의 브랜드처럼 인식되기 시작했다. 교육 혁신의 대표적인 담론 중 하나는 '교육과정-수업-평가-기록의 일체화'이다. 교육과정대로 수업하고 그에 맞는 평가를 실시한 뒤 그 결과를 생활기록부에 기록하자는 것이다. 이러한 당연한 교육 활동이 현장에서는 이루어지지 못하고 있었다. 교육과정 문서는 그럴 듯하지만 교육 철학과 교육과정 운영 능력의 미숙 등으로 구현되지 못했던 것이다. 교육 혁신은 이와 같은 구체적인 문제들을 변화시키려는 노력이다. 이러한 교육 혁신은 궁극적으로 학생, 학부모, 교사 모두가 현재보다 행복해질 때에 의미가 있다.

융합과 연결을 강조한 4차 산업 혁명 시대가 도래하며 사회 변화와 기술 혁신의 속도는 점점 빨라지고 있다. 미래 사회는 우리가 한 번도 경험해 보지 않은 새로운 상황을 제공할 것이다. 농업 사회에서는 풍부한 농사 경험이라는 과거의 지식을 토대로 농사를 지었고, 산업 사회에서는 현재의 지식을 토대로 공장을 운영할 수 있었다. 하지만 4차 산업 혁명 시대는 과거나 현재의 지식만으로는 대처하기 어려운 시대이다.

지식을 전수하는 형태의 전통적인 학교 교육은 급변하는 미래 사회를 대비하는데 역부족이다. 4차 산업 혁명 시대에 필요한 것은 기존 지식을 바탕으로 새로운 지식을 창출하고 다양한 문제를 스스로 해결할 수 있는 자율 능력이다. 이제는 물고기를 잡아주는 교육이 아닌 물고기를 직접 잡을 수 있도록 하는 교육을 해야 한다. 다음 세대는 기성세대가 경험하지 못한 미래를 직접 살아가야 하는 세대이다. 그러므로 어떤 미래가 펼쳐져도 스스로 개척하고 해결할 수 있는 역량을 길러주어야 한다.

실제 위기가 도래하기 전에 위기 의식을 가지고 미래 사회와 교육에 대한 변화 방향을 예견하고 이에 대응 할 수 있도록 지금부터 준비해야 한다. 현재에 안주하며 미래를 제대로 준비하지 않으면 위기가 닥쳤을 때 결국 도태되고 말 것이다.

미래 교육 담론은 자기 완성 예언과 자기 부정 예언을 가능하게 해줄 것이다. 자기 완성 예언이란 미래 사회의 변화 방향을 예측하고 이에 걸맞는 교육 체제를 미리 준비하면 그것이 미래 교육에 현실로 이루어지게 될 것이라는 것이다. 반대로 자기 부정 예언이란 이대로 간다면 미래에 망할 수밖에 없다고 생각하고 교육 체제를 미래 지향적으로 변화시키면 보다 나은 결과를 현실로 맞이할 수 있다는 것이다. 어떤 형태로든 미래 교육에 대한 담론이 활성화될수록 우리의 교육은 조금씩 앞으로 나아가게 될 것이다.

지금까지의 교육 혁신 운동은 왜곡된 교육 현실을 바로잡는데 집중되어 있었다. 그러나 이제는 미래 교육을 위해 변화를 모색해야 한다. 과거에 얽매이거나 현재에 안주하지 말고, 미래 사회의 변화 방향을 예견하고 이에 대응 할 방안을 준비해야 한다. 이를 위해서는 교사 역시 미래를 위한 준비와 교직 역량을 신장시키기 위한 연수와 연구에 힘써야 한다.

아무쪼록 이 책이 학교와 교사들에게 혁신 교육을 넘어서 미래 교육을 고민하게 되는 계기를 마련해 주었으면 한다. 또한 교육과정을 통해 미래 교

·육을 준비하는 방향을 제시해주는 안내서가 되기를 바란다.

이 책이 나오기까지 수고해주신 모든 분들, 특히 티스쿨 원격연수원 박병근 대표님과 최문영 CP님, 김향 CP님께 감사를 드린다. 수업디자인연구소와 교육과정디자인연구소 선생님들의 관심과 피드백이 없었다면 이 책은 세상에 나올 수 없었을 것이다. 특히 원고를 검토하고 좋은 의견을 내 주신 오정화, 황은지 선생님, 교정과 윤문을 통해 원고를 잘 다듬어주신 염지선 선생님께 감사를 드린다. 무엇보다 하나님께 감사드리며...

2019년 7월

김현섭, 장슬기

목차

부록 ———

◦ 교육과정 관련 용어 사전

◦ 수업디자인연구소 및 (사)교육디자인네트워크 소개

1장.
미래 사회, 어떻게 변할까?

1장. 미래 사회, 어떻게 변할까?

이상적인 교사

"인터넷 검색을 하면 쉽게 정답을 찾을 수 있는데 힘들게 외울 필요가 있나요?"

"번역기를 쓰면 되는데 영어는 뭐하러 배워요?

"전자계산기나 컴퓨터를 이용하면 쉽게 답을 찾을 수 있는데 꼭 직접 수학 문제를 풀어야 하나요?"

만약 학생이 이렇게 질문 한다면 어떻게 대답 할 것인가?

✤ 언제 어디서나 원하는 시간에 수업을 한다.

✤ 학생 개개인 특성과 학습 수준에 맞추어 수업을 한다.

✤ 다양한 학습 자료와 시각 자료를 보여주고, 실감나는 다양한 체험 활동을 가능케 한다.

✤ 학습자와 활발하게 상호 작용을 한다.

✤ 오류가 거의 없으며 고차원적 사고도 가능하다.

✤ 도덕적인 문제를 일으키지 않고 친절하게 학생들을 대한다.

이러한 교사가 현실에서 존재할까? 인간 교사라면 찾기 쉽지 않을 것이다, 그러나 인공지능 교사라면 가능하다. 인공지능의 기술의 발달의 속도로 보아 인공 지능 교사가 등장하는 것은 시간 문제이다. 인공 지능 교사가 등장한다면 인간 교사들은 계속해서 교직을 유지할 수 있을까?

4차 산업 혁명과 전환

2015년 4월 독일 하노버 산업 박람회에서 메르켈 (Angela Merkel) 총리는 "4차 산업혁명(Industrie 4.0)은 미래 독일, 나아가 미래 세계를 만들어 갈 핵심 키워드" 라고 선언한다. 2016년 1월 스위스 다보스 포럼(Davos Forum)에서 세계 경제 포럼 회장 클라우스 슈밥(Klaus Schwab)이 제시한 화두 역시 '제4차 산업혁명'이었다.

1차 산업혁명의 키워드는 기계화, 2차는 전기화, 3차는 정보화였다면, 4차 산업혁명의 키워드는 초지능화, 디지털과 물리 세계와의 융합화 등이다. 4차 산업혁명 시대에는 유비쿼터스 모바일 스마트기기를 통해 초 연결 사회가 된다. 총체적 정보와 다층위적 관계망, 광속 처리는 이를 가능케 한다. 4차 산업혁명 시대에 우리는 인공 지능과 빅 데이터 기반의 초 지능 시대, 융·복합 산업혁명의 물결을 경험하게 될 것이다. 또한 사물 인터넷, 디지털 정보 기술, 나노 기술, 바이오 기술, 인지 과학, 로봇 공학, 에너지 저장 기술, 재료 공학, 3D 프린팅 등 신기술이 사회를 주도해 나갈 것이다. 이러한 선언은 이미 출발선을 넘어 항해 중이다.

슈밥은 다음과 같은 이유로 4차 산업혁명이 3차 산업혁명의 연장선이 아닌 새 패러다임이 될 것이라고 보았다.(클라우스 슈밥, 2016)[1]

- 속도 (Velocity) – 기하급수적 가속. 각 분야에서 발전된 신과학기술의 다면적 연결을 통해 가능해짐.
- 범위와 깊이 (Breadth and depth) – 디지털 혁명을 기반으로 한 다양한 과학 기술의 융합은 산업 구조의 변화를 유도하는 것으로 끝나지 않고 개인, 교육, 경제, 기업, 사회, 문화 전반의 사회 구조적 전환을 유도하게 됨. 이는 사물과 생산 측면을 넘어 인류 존재의 정체성에 대한 철학적 질문에까지 확장될 가능성이 있음.
- 시스템 충격 (Systems Impact) – 기하급수적인 속도로 전개되는 4차 산업혁명은 인류사회 전 범위의 심도 깊은 시스템의 패러다임 변화를 일으키며, 개인에서 국가 전반에 이르는 전 영역의 변화로 이어짐.

세상을 바꿀 구조적 이슈와 전환

다보스 포럼에서는 4차 산업 혁명과 더불어 세상을 바꿀 구조적 이슈 29가지를 선정했다. 이들 중 상당수가 4차 산업혁명과 직간접적으로 연관되어 있다. 주목할 점은 긍정적인 부분 뿐 아니라 위험 요소까지 함께 선정하여 제시하고 있다는 점이다.

---

1) 클라우스 슈밥, 송경진 역(2016), "클라우스 슈밥의 제 4차 산업혁명", 새로운현재

1. 종교, 민족주의적 급진주의 급등	16. 반응하고 응답하는 환경기능의 등장
2. 기후 변화 논쟁은 실용적으로 접근해야	17. 개도국 경제력 강화와 국제사회 분권화
3. 지구촌 고령화 시대 소비패턴의 진화	18. 진보적 기업이 주도하는 일본의 부활
4. 녹색성장은 지구촌 공동이익을 위한 방향으로	19. 물 부족 시대에 부응하는 국제공조 시스템
5. 다극, 분과화된 세계질서를 반영하는 국제기구	20. 주목받는 탈성장 시대, 기술과 공유경제가 주도
6. 국제 공조 요구되는 새로운 우주개발 시대	21. 경제학이 주도하는 시대는 갔다
7. 고령화는 부담 아닌 새로운 기회	22. 삶의 질 도전받는 메가시티
8. 선진국 중산층이 주도하는 급진적 개혁요구	23. 일자리 급감 우려되는 제3의 산업혁명
9. 정보통신기술 덕에 양지로 나오는 비공식경제	24. 의미 있는 삶을 위한 신 자급자족 시대
10. 의식기술의 시대 인간을 넘어서는 인공지능	25. 개인이 주도하는 경제, 산업, 에너지
11. 안보, 첩보까지 뻗어나가는 빅데이터기술	26. 신기술이 낳은 새로운 경제성장 시대
12. 창조경제의 확대와 성장	27. 사물인터넷 덕에 더 싸고 빨라지는 비행기
13. 안전 도전받는 메카시티 사회	28. 평등·성장이 함께 가는 신 경제 패러다임
14. 좋은 직업이 사라지는 시대의 생존	29. 고용 없는 사회 대처하는 국가미래전략
15. 복잡해지는 세상 속 도전받는 국제개발기구	

[세상을 바꿀 구조적 이슈 29가지 (중앙일보, 2015.1.19.)]

세계의 여러 석학들은 4차 산업 혁명의 가공할 충격파가 개인과 사회, 산업과 경제, 국가와 국가의 관념과 질서를 붕괴시키고, 이로 인해 세계가 새로운 국제 질서로 재편될 것임을 전망하고 있다. 이러한 환경은 교육계에도 큰 변화를 요구하고 있다. 세계 경제 포럼의 '미래 고용 보고서'에 따르면, 앞으로 5년간 주요 15개국에서 710만 개의 일자리가 감소할 예정이며 200만 개의 새 일자리가 생길 예정이다. 미래 사회에서 필요로 하는 교육과정은 학생들에게 복합적 문제 해결력과 융합적, 비판적 사고, 창의적, 감성적 지능을 길러주는 역량 중심 교육과정이다.

전환 마을 운동

　미래 사회의 흐름을 예견하고 추측하는 많은 책들이 융·복합 산업 기술로 인한 초 고도, 초 연결 스마트 문명을 전망한다. 그러나 이와 동시에 오래된 미래를 강조하는 또 다른 흐름이 꿈틀거리고 있다. 최근 영국을 중심으로 이루어지고 있는, 기존 마을을 대안적 가치를 기반으로 혁신하고자 하는 '전환 마을 운동'이 그것이다.

　전환 마을 운동은 중심 거점 1km 반경 내에서 다양한 호혜적 관계망을 만들며, 그 공간을 생태적이고 공동체적인 공간으로 변화시키는 활동을 일상에서 지속적으로 해 나가는 운동이다. 전환 마을 운동의 주제는 일반적으로 예술과 공예, 산업 경제, 다양성과 사회 정의, 교육, 효과적인 그룹, 에너지, 음식, 건강, 주택, 내재적 변화, 지방 정부, 교통 등 12개로 분류된다. 이러한 12개 분야와 전환 마을, 전환 대학(학교), 전환 거리, 전환 공간이 점-선-면으로 연결되며, 기존 도시가 재생되고 지역 공동체의 회복력이 높아져 탈바꿈되는 것이 전환운동의 목표이다.

　2006년 아일랜드의 킨세일(Kinsale)과 영국의 토트네스(Totnes)에서 시작된 전환 마을 운동은 10년도 채 지나지 않아 세계적인 운동으로 확산되고 있다. 트랜지션 네트워크(www.transitionnetwork.org)에 따르면, 2014년 11월을 기준으로 43개국 1,196개 조직이 전환 운동 단체로 등록되어 있다. 전환 마을 운동의 목적은 토트네스의 녹색 전환 운동을 비롯한 지구적 전환 네트워크의 다음과 같은 키워드를 보면

알 수 있다. [2]

① 새로운 검소함과 큰 사회적 관계

(the new austerity and the big society)

② 집단적 힐링과 사회 변화 (collective healing and social change)

③ 생태적, 문화적 재지역화 (relocalization)

④ 지역 재생 혹은 지역 공동체의 생명력 복원

(resilient communities)

⑤ 탈 성장 혹은 성장 없는 번영

⑥ 정상계의 경제 (steady state economy)

⑦ 거룩한 경제 (sacred economy)

⑧ 영성적 사회 운동 (subtle activism, spiritual practice)

⑨ 약탈적 소유에서 생성적 소유로의 전환 등

전환 마을 운동의 창시자 롭 홉킨스(Rob Hopkins)는 전환 마을 운동을 벌이기에 이상적인 도시 규모는 인구 5,000명 정도의 소도시라고 했다. 한국으로 말하면 읍·면·동의 규모이다. 따라서 전환 운동은 초기에 중소 도시 중심으로 일어났고 그렇기에 '전환 마을(Transition Town)'이라는 용어가 널리 사용되었다. 그러나 이러한 전환 운동의 개념은 전환 도시, 전환 대학(학교), 전환 거리, 전환 공간, 전환 이웃

---

2) http://www.transitionnetwork.org 참조

등으로 다양화되고 있다. 또한 내용 면에서도 마을 주민들이 함께 밥해 먹고 영화 보기 (공동체 식당 운영하기), 함께 길가 정원 및 공동체 텃밭 조성하기, 빈 공간을 문화 예술 공간이나 공동체 공간으로 활용하기, 자원 재활용하기 등으로 확장되고 있다.

이렇듯 다양한 스펙트럼과 규모로 전개되는 전환 마을 운동의 핵심 키워드는 '전환'과 '자립'이다. 이러한 도시와 마을의 대전환은 한국에서도 점진적으로 시작되고 있으며 4차 산업혁명과는 다른 쪽에서 미래를 지향하는 움직임이라 할 수 있다.

대한민국 사회의 대전환

한국 사회 역시 새로운 사회를 향한 전환에 직면해 있다. 미래창조과학부 미래 준비 위원회는 2015년 7월 '미래 이슈 분석 보고서'에서, 10년 뒤 한국 사회는 다음의 10대 이슈에 중요한 영향을 받을 것이라고 전망했다.[3]

---

1. 저출산 고령화 사회 2. 불평등 문제   3. 미래 세대 삶의 불안정성
4. 고용 불안   5. 국가 간 환경 영향 증대 6. 사이버 범죄
7. 에너지 자원 고갈   8. 북한과 안보, 통일 문제 9. 기후 변화, 자연 재해
10. 저성장과 성장 전략 전환

---

3) 미래준비위원회 외(2015), "미래 이슈 분석 보고서", 미래창조과학부 미래준비위원회

이 이슈들은 이미 진행 중이며 미래에는 더욱 중요한 이슈가 될 것으로 보인다. 특히 한국 사회는 저출산으로 출생자 수가 급감하고, 전체 인구가 고령화되고 있다. 통계청에 따르면 2018년 기준 약 32만명이 출생했고, 한 가정당 출산율은 0.97명으로 내려갔다. 2019년부터는 출생자보다 사망자가 더 많아져서 본격적인 인구 감소 현상이 나타날 예정이다.[4] 한국 경제도 이미 저성장 시대로 접어들었다. 2018년 한국 경제 성장률은 3.0% 이하로 떨어진 상황이고, 앞으로도 3% 내외 정도가 되리라 예상되고 있다.[5]

또한 이 보고서가 나올 즈음에 발생한 두 차례의 큰 사건으로 한국 사회는 큰 각성을 경험했다. 세월호 참사와 촛불 시민 운동은 민주주의가 더 넓은 영역에서 더 바람직한 모습으로 이루어져야 한다는 시대적 요구를 일깨웠다.

이 두 사건은 가정 민주주의, 학교 민주주의, 기업 민주주의, 마을 민주주의, 거버넌스(협치)를 통한 민주주의 등, 민주주의가 삶의 전 영역에 진화·발전되어가도록 시민 스스로 움직여야 함을 의미하고 있다. 바야흐로 우리는 '민주, 자치, 평화, 정의, 공동체'에 뜻을 품은 시민 운동이, 정치를 넘어서 삶의 터전에 전방위로 확대되어야 하는 대전환의 시점에 서 있는 것이다.

---

4) 매일경제신문, 2018.9.28. 기사
5) 조선일보, 2018.5.30. 기사

미래 사회의 변화 앞에서 우리는 어떻게 대응해야 하는가?

미래 사회의 변화를 어떻게 예상하고 준비하느냐에 따라 우리는 미래 사회를 주도할 수도 있고 그렇지 않을 수도 있다. 특히 경제 분야는 시대 변화에 대하여 어떻게 반응하는가에 따라 성패가 좌우될 것이다. 최근 미래 사회 담론이 풍성해지는 이유도 이러한 맥락에서 이해할 수 있다.

미래 사회 담론에서 미래 대응 방안은 과학 기술 주의 입장과 보수주의적 입장 등이 존재한다. 과학 기술 주의 입장은 발전하는 과학 기술이 우리 사회를 긍정적으로 바꿀 것이라는 낙관론적인 입장이다. 이러한 입장을 취하는 사람들은 과학 기술 개발에 집중하자고 주장한다. 반대로 보수주의적 입장은 미래 사회도 현재 사회와 크게 다르지 않을 것이므로 현재에 충실하자는 입장이다. 미래 사회는 우리가 예상하는 대로 변할 수도 있고 아닐수도 있다. 하지만 분명한 것은 미래 사회는 불확실하여 복잡한 사회일 것이라는 것이다. 미래의 불확실성을 대처 하려면 어떤 변화에도 유연하게 대응할 수 있는 능력을 갖춰야 한다. 또한 복잡성의 시대에서는 단순 논리에 근거한 접근이나 과거 경험에 기초한 해결 방안으로는 복잡한 미래사회를 대처해 나가기 힘들 것이다.

다양한 품종이 서식하는 숲은 자정 능력을 가지며 유지 되듯이, 다양성에 기초한 통일성, 즉, 화이부동(和而不同)의 자세야 말로 불확실하고 복잡한 미래 사회를 살아가는 기초가 될 것이다.

사회 구조의 모순과 한계를 핑계삼아 미래 사회를 준비하는 것을 게을리 한다면 현재보다 힘든 현실에 직면하게 될 것이다. 혁신적인 지도자를 세우고 한두 가지 제도적인 변화만 시도한다고 전반적인 사회 구조가 혁신되는 것은 아니다. 사회 구조를 혁신하기 위해서는 견고한 사회 구조 속에서 가장 약한 부분을 찾아 균열점을 만들고, 이를 중심으로 전반적인 구조적 변화를 만들어 가야 한다.

지금은 미래 사회가 요구하는 인간상에 대한 고민과 합의가 필요한 시점이다. 이를 토대로 미래 교육에 대한 전략도 세울 수 있기 때문이다. 그래야 미래 사회에서는 많은 지식을 소유하기 보다는 문제를 해결할 수 있는 사람, 하나의 정답만이 아닌 다양한 해법을 찾을 수 있는 사람, 개인 지성보다는 집단 지성을 추구하는 사람, 수직적 대인 관계보다는 수평적 네트워크를 지향하는 사람이 주인공이 되지 않을까?

2장.
2030 미래 교육을 바라보다.

2장. 2030 미래 교육을 바라보다.

과거의 지식을 현재의 교사가 미래를 살아갈 아이들에게 가르친다?

김 교사는 최근 교사 연수에 참여하면서 새로운 고민이 생겼다. SF 소설이나 영화에서 나올 법한 먼 미래 이야기들이 조만간 현실화될 수 있다는 이야기를 들었기 때문이다. 수업과 생활 지도를 감당하기에도 버거운데 미래 교육까지 준비해야 한단 말인가.

미래의 사전상 정의는 '현재를 기준으로 그 뒤의 시간'이다. 아직 다가오지 않은 미래를 준비한다는 것은 무슨 의미일까? 미래 교육은 과연 어떤 모습으로 펼쳐질까?

2030년 미래 교육, 미래 학교 상상해 보기

2017년도부터 시작된 OECD의 교육 프로젝트 「Future of Education and Skills : The OECD Education 2030」는 '2030년'을 중요한 시점으로 보고 있다. 또한 앞으로 소개하게 될 벨기에, 핀란드, 유럽 위원회 그리고 한국교육개발원의 미래 교육 연구에도 지속적으로 '2030'이라는 숫자가 등장한다.

미래 교육의 시점을 2030년으로 한정하고 있는 까닭은 무엇일까?

이는 4차 산업 혁명과 깊은 관련이 있다. 2030년은, 메르켈 총리가 독일 하노버 산업 박람회에서 "4차 산업 혁명이 미래 독일, 나아가 미래 세계를 만들어갈 핵심 키워드"라고 선언한 2015년에 초등학교에 입학한 학생들이 대학을 졸업하고 전문 직업인으로 사회생활을 시작하는 해이자, 중등학교를 시작하는 학생들이 미래 사회의 핵심 그룹이 되는 해이기 때문이다.

미래학에서는 통상 15~20년 이후의 시기를 장기 미래라고 한다. 이로 미루어 보아 2015년의 메르켈 총리의 선언은 미래 교육학자들이 2030년을 전후하는 여러 연구들을 시작하는 계기가 되었을 것이다.

여기에서는 2030년의 미래 교육을 상상해 보고, 이에 대한 세계 주요국들의 연구를 소개하며, 미래 교육의 특징을 정리해 보고자 한다.

유럽 위원회 소속 합동 연구소의 「학습의 미래」
(The Future of Learning)

먼저 유럽 위원회 소속 합동 연구소 중 IPTS(Institute for Prospective Technological Studies)에서 연구한 결과물을 살펴보고자 한다. IPTS는 유럽 각국의 다양한 분야에서 선발된 13명의 전문가로 구성된 국제 연구팀이다. 이 팀은 미래 교육의 방향을 다음과 같이 예측한다.

- 모든 교육 시스템은 상호 연결될 것이다.
- 가상 현실과 증강 현실이 광범위하게 사용될 것이다.
- 인터넷 상의 여러 서비스가 학습 환경으로 기능하게 될 것이다.
- 관심과 흥미가 같은 학습 공동체 중심의 학습 시스템과 서비스가 개발될 것이다.
- 교육의 오픈 소스가 광범위하게 채택될 것이다.
- 교과서는 디지털 형태로 대체될 것이다.
- 공교육과 관련 없는 다양한 자격증이 나타날 것이다.
- 배우는 방식에 따라 평가하는 방식이 개발될 것이다.
- 자격증의 글로벌 표준이 제정될 것이다.
- 어떤 자격증을 가졌는지보다 무엇을 할 수 있는 사람인지를 중심으로 평가하게 될 것이다.
- 학생들은 국제 간 협업을 하며 서로 배우게 될 것이다.
- 학교의 주 역할은 각 학습자가 어떻게 자신의 학습 경로와 학습 유형, 필요한 자원을 선택하며 평가할 지에 대해 안내하는 것이 될 것이다.
- 지식보다 탐구를 중심으로 하는 교수 요목을 제공하는 대학의 유형이 생겨날 것이다.
- 학교는 공동체의 지식 센터로 거듭날 것이다.
- 목적과 흥미에 따라 분야 간, 과목 간, 학교 간의 네트워크가 형성될 것이다.
- 정부가 재정을 지원하는 고등 교육은 민간과 개인의 부담으로 전환되기 시작할 것이다.
- 학급 구성의 기준은 연령이 아닌 지식, 역량, 흥미, 학습 유형 등이 될 것이다.
- 학습자가 자신의 학습 경로를 선택하게 될 것이다.
- 대학 프로그램은 점점 더 특정 직업 능력 계발에 초점을 맞추게 될 것이다.
- 교사 본연의 역할은 학습 센터나 학습 코칭 혹은 학습 중재자가 될 것이다.
- 교사는 티칭보다 코칭의 전문성을 계발해야 할 것이다.
- 교사들은 집에서 프리랜서로 일하거나 온라인 교육 기관에 소속되어 일하게 될 것이다.
- 학습은 일상적 삶의 활동과 통합될 것이다.
- 학습의 초점이 일터, 지역 사회, 가정으로 옮겨갈 것이므로 학습과 관련한 학교의 역할은 줄어들 것이다.
- 사람들이 서로 다른 직업 세계를 오가는 것은 흔한 일이 될 것이다. 이때 학

習은 이러한 이동을 수월하게 하는 핵심 요소가 될 것이다.
- 학생들은 자신에 속한 네트워크 내의 사람들과 학습하는 것을 선호하게 될 것이다.
- 전문성 네트워크가 교육의 다양한 수단 중 하나가 될 것이다.
- 교육은 학교의 교실을 떠나게 될 것이다.
- 학습에 더 적합한 환경과 대안이 학교 외부에 있게 될 것이므로, 학교를 중단하는 (또는 졸업하는) 연령이 점점 더 낮아질 것이다.
- 학습은 점점 더 맥락 중심적이 될 것이고, 범교과적 문제 해결 프로젝트 등을 통해 이루어질 것이다.
- 학습자가 범교과적 학습을 독립적으로 수행하는 일이 많을 것이므로, 전통적인 교과의 경계가 무너질 것이다.
- 실습(practice)이 학습의 초점이 될 것이다.
- 학습은 친사회적이고 요구가 있을 때 능동적으로 참여하는 방식이 될 것이다.
- 학습자들이 학습의 과정에서 동료를 가르치는 것이 보편화될 것이다.
- 범교과 프로젝트 수업 활동이 학습 디자인의 주류가 될 것이다.
- 구성주의도 여전히 유지되겠지만 새로운 교육 패러다임이 나타날 것이다.
- 게임과 학습은 더 이상 반대되는 활동이 아니게 될 것이다.

「학습의 미래」(The Future of Learning)라는 연구 보고서에서는 2030년 전후로 교육과 학교에 일어날 주요 변화를 '중요성과 실현 가능성'을 기준으로 예측하고 있다. 그 중 의미 있는 사례들을 요약하면 다음과 같다.

1) 학벌이나 자격증보다 역량이 중요한 사회

2) 교육 시스템의 확장

 : 교육은 학교 교실 너머로 확장됨. / 가상 현실, 증강 현실이 광범위하게 사용됨.

 관심 분야 간, 과목 간, 학교 간, 전문 기관과의 상호 네트워킹이 구현됨.

3) 학교와 교사의 역할

: 학교는 공동체의 지식 센터로 재탄생. 교사는 각 학습자에게 맞는 학습 경로, 유형 등을 주체적으로 찾도록 코칭하고, 학습 내용을 어떻게 평가할지 안내하는 역할을 함. 교사는 학습 중재자이자 동시에 학습의 공동 참여자가 됨

4) 학습 공동체

: 학습 공동체의 구성 기준은 연령이 아닌 지식, 역량, 흥미, 학습 유형으로 대체됨. 관심과 흥미 중심으로 그룹화된 학습 공동체를 위한 시스템과 서비스가 개발됨.

5) 교과 구성

: 전통적 교과의 경계가 무너지고 통합 교과, 범교과가 확대됨. 사회, 역사, 과학, 경제, 문화 전 분야와 연결된 범교과적, 통합 교과적 문제 해결 프로젝트가 확대됨.

CERI의 「학교 교육의 미래 전망」 보고서

OECD 산하의 CERI는 2000년에 소수 전문가 집단의 모임, 대규모 세미나, 11월에 로테르담에서 열린 국제 회의 등 일련의 학술 행사들을 통해 20년 이후의 학교 교육의 미래를 전망하는 여섯 가지 시나리오를 제시하였다. 이 여섯 시나리오는 현 체제 유지, 재구조화, 탈학교 지향 정도에 따라 각기 두개씩 묶여 세 가지 모형으로 구성되었으

며 이는 아래 표와 같다.

< CERI에서 구상한 학교 교육의 미래 전망 >

현 체제 유지(status quo)	재구조화(restructure)	탈학교(Destructure)
시나리오 1 견고한 관료제적 학교 체제	시나리오 3 사화 센터로서의 학교	시나리오 5 학습자 네트워크 형성
시나리오 2 시장경제 원리 모델 확대	시나리오 4 학습조직으로서의 학교	시나리오 6 교사의 탈출, 학교 붕괴

자료 centre for Educational Rescarch and Innovation(CERI), Education policy analysis 2001, OECD, p, 121

■ 시나리오 1 : **견고한 관료제적 학교 체제**

관료제 유지 시나리오의 체제 운영 방식은 하향의 경향이 뚜렷하다. 이는 현실 유지에는 유리하나 스스로의 쇄신은 어렵다. 학부모, 고용주, 언론은 학교 교육에 대한 불만을 지속적으로 제기하면서도 급진적인 변화에는 반대한다. 학생들의 수학 연한은 계속 올라가고 졸업장이 학생들의 진로에 결정인 역할을 하며, 학교는 내적 문제들을 해결하기 위하여 노력하지만 사회 불평등이 교육 불평등으로 재현되는 것을 막지 못한다. 교원 집단은 공무원 신분을 가진 채 노조나 단체를 조직하여 중앙집중적인 노사 관계를 형성하고 있다. 일부 나라들에서 교원들의 이직률이 증가해 이를 막으려는 노력이 계속되며 교원의 지위와 전문성 계발에 대한 관심이 증대된다.

■ 시나리오 2 : **시장 경제 원리 적용 모델 확대**

시장 모델은 관료제에 대한 효과적인 도전이 될 수 있다. 이른바 변화의 원동력이 수요자들의 선택에 달려있기 때문이다. 관료제의 위계 조직을 경유하지 않기에 학교의 설립, 조직 운영 방식, 변화, 폐쇄가 좀 더 유연하다. 획일적 공교육 체제의 비효율성에 대한 불만은 시장 원리의 적용을 받는 새로운 학교 시스템을 강화시킬 것으로 보인다. 기존 체제의 비효율성과 재정 압박으로 인해, 정부는 재정 지원 축소, 자발성 촉진, 탈규제화, 잠재 시장의 개방 등을 통한 교육의 다양화와 새로운 교육 공급자들의 등장을 장려하는 방향으로 학교 체제의 발전을 꾀할 수 있다.

이러한 교육 시스템 속에서는 정부의 직접적인 감독과 규제는 약화되고 학습자와 교육 공급자 간의 새로운 지표, 척도, 인증은 확산되는데, 이에는 '효율성'과 '질'이 중요한 기준이 된다. 민영화, 바우처 시스템 등 다양한 경영 체제가 일반화되고 홈스쿨링이 확산된다. 고용과 교육을 비롯한 사회의 모든 영역에 경쟁을 중시하는 문화가 확산되면서, 불평등과 소외 문제가 실질적으로 용인되거나 공교육 체제가 격하되는 등의 사태가 발생할 수 있다. 교사 집단의 특수성이 완화되고, 다양한 경력을 지닌 전문 직업인들이 정규직이나 기간제 혹은 시간 강사의 형태로 교수 활동에 참여함에 따라 교수의 질이 문제로 대두될 가능성이 있다.

■ 시나리오 3 : **사회 센터로서의 학교**

학교는 사회 속에서 공통된 가치를 전수하는 중심 기관으로 여전히 존재한다. 하지만 개별화 중심의 교육은 공동체성의 강조로 인해 약화되며, 오히려 사회와 지역 사회에서 공공성을 증진하는 학교의 역할이 중요해진다. 학교는 평생 학습 중심의 교육을 지향하므로 정규 교육 기간의 표준은 변화되고, 다양한 연령층의 학습자들이 교육에 참여하게 될 것이다.

이 시나리오에는 북미나 유럽의 교육 전망이 반영된 측면이 많다. 한국 사회의 경우에는 교사 양성 대학 기관에서 발급하는 교사 자격증의 폐쇄성이나, 공교육 교원의 공무원 신분을 철저하게 유지하려는 관행으로 인해, 현재 체제가 변화되기 어려울 가능성이 높다.

■ 시나리오 4 : **학습 조직으로서의 학교**

학교에서는 교육과정과 교육 평가의 새로운 실험과 혁신이 일반화된다. 다양한 형태의 소규모 학습 집단(학습 공동체, 학습 가족)이 개별 학습, 스터디 그룹 학습, 네트워킹 학습 등을 수행하며, 교사와 전문가들을 이를 지원하기 위해 고도로 동기화되도록 구조화된다. 이 시나리오에서 지향하는 교육은 학문적이고 예술적이며 역량을 기르는 교육이다. 이 시나리오에서 학교는 모두를 위한 평생 학습을 주도하는 수평적, 팀 지향 조직이다. '지식'에 초점을 두고 있기 때문에 학교에 부여되는 다양한 요구들을 수용할 때 발생하는 위험을 회피할 수 있다. 교원들은 사회 센터로서의 학교 시나리오에서보다 더 전문적이고 다양한 전문가들로 구성되나, 교원으로서만 활동하지는 않으며 이동성이 높다.

■ 시나리오 5 : 학습자 네트워크 형성

이 시나리오에서는 철저히 학습자의 학습 요구를 중심으로 네트워크가 구축되므로 누구하고든 어디에서나 학습이 이루어질 수 있다. 이 시나리오에서 교육이란 학습자 중심의 대안적 형태의 교육이다. 특히 '초 연결의 중심에 있는 빅데이터와 딥 러닝과 딥 마인딩 등의 기술과 결합한 인공지능'과 '온라인 강의 (TED, MOOC, 코세라, 유다씨티 등)' 등과의 네트워킹을 기반한 교육은, 획일적, 통제적이었던 전통적 학교 제도를 약화시키고 급기야 '학교 해체'를 가속화시킬 것으로 예측된다.

이 시나리오에서는 정규 교육과 평생 교육의 경계가 모호해지며, 교사와 학생, 학부모와 교사, 교육과 지역 사회 간의 구분은 사라지고, 필요에 따라 네트워크가 형성된다. 교사와는 전혀 다른 새로운 형태의 학습 전문가들이 학습 플랫폼을 통해 코칭을 진행하거나 코디네이터 역할을 하게 된다. 필요에 따라서는 물리적 학습 센터에서 정기적인 모임을 가지거나 화상 채팅을 통한 상담과 코칭 등의 다양한 형태의 학습 지원이 이루어진다.

■ 시나리오 6 : 교사의 탈출, 학교의 붕괴

기존의 교육과정 구조는 교사가 부족할 경우 심각한 압력을 받게 된다. 이에 대해서는 성취 기준 저하에 대해 공적으로 압력을 가하거나 학급을 대규모화하는 등의 전통적인 방식으로 대응할 수도 있고, 중등 이상의 교육에 다양한 전문가를 활용하고 강의, 학생 집단 구성, 가정 학습, ICT를 도입하는 등의 혁신적인 방식으로 대응할 수도 있다. 교원의 보수는 높아지나, 교사 수의 감소에 따라 교수 (敎授) 여건은 더욱 악화된다. 은퇴 교사 등 노련한 교사들을 학교로 끌어들이기 위한 노력이 계속되나, 교원 부족이 심각하거나 학교 사회의 갈등이 심한 곳에서는 성과를 거두지 못한다. 교원 노조나 단체의 역할이 증가할 수 있고, 학교의 수업 시간이 단축됨에 따라 아동 돌봄을 전문으로 하는 직업이 등장하며 가정 학습이 번성한다.

벨기에 「2030년 미래학교 : 어떻게 학습과 작업을 매력적으로 만들 수 있을까?」 (The New School in 2030: How can we make learning and working attractive?)

벨기에의 '학습 및 재설계 연구소 (The Learning and Redesign Lab)'의 연구 보고서에 따르면, 2030년의 미래학교 모델을 다음과 같이 제시하고 있다.

1) 2030년 미래 학교의 새로운 모델로 '학습 공원(The Learning Park)'을 제안함.
2) '학습 공원'은 지역 사회를 기반으로 한 열린 학습 공간으로, 물

리적 공간과 온라인 공간이 동시에 연동되어 구현됨.

3) 필요에 따라 일반 학교처럼 닫힌 공간으로서 기능할 수도 있음.

4) 연령에 관계없이 다양한 배경을 가진 학습자들이 '함께 서로에게' 배움.

5) 무학년제를 기반으로 하며, 학교 내에 '아카데미(academy)'라는 작은 학교가 있고 그 안에 '학습 가족(learning family)'라는 학습 공동체 (15~20명)가 존재함. 교사는 팀으로 공동 코칭의 역할을 수행함.

6) 미래 학교의 운영 방식은 민주적이며, 협동 조합 형태와 유사함

7) 미래 학교 학습 공원은 학사 운영이 여유가 있고 유연한데, 오전에는 필수적인 최소의 기본 교과 수업이 진행되며, 오후에는 학생 선택 맞춤 교육과정의 형태로 자기 주도적으로 운영됨.

이미 벨기에에는 '학습 공원'이 전국적으로 조금씩 확산되고 있다. 학습 공원과 유사한 개념에는 핀란드가 2030년의 학교 모델로 제시한 '학습 마을 (learning village)'이 있다.

핀란드「국가 2030 비전 중 교육 부문의 비전」

핀란드는 2013년 미래 전망 보고서에서 '국가 2030 비전 중 교육 부문의 비전'을 제시했다. 국민과 연구자들의 자긍심이 높기로 소문난 핀란드 교육의 특징을 요약하면 다음과 같다.

1) 모든 가르침은 학습 단계 초기부터 직업 세계와 밀접하게 관련됨.

2) 학교 교육의 성격을 평생 학습의 근간을 이룰 기초 교육으로 규정.

3) 가장 중요하게 배워야 할 것은 메타 학습 전략이며, 학습은 반드시 즐거움을 내포해야 함.

4) 교육의 여러 영역에 산업 인프라가 능동적으로 참여해야 함.

5) 학교에서 직업 세계 혹은 직업 세계에서 학교로의 이동이 유연하므로 학업, 졸업 시기는 중요치 않음.

핀란드는 학습의 모든 단계에서 산업 기관과의 협력을 도모하여, 학습자가 직업 세계를 바르게 이해하고 적합한 역량을 키우도록 지원하고자 한다. 또한 직업인이 되어서도 학습할 수 있도록 학교와 산업 기관 간의 유연한 이동 체계를 갖추고자 한다. 평생 동안 지속 가능한 배움을 위해서는 상호 개방된 교육 공간이 구현되어야 한다. 여기에는 산업 사회에 적합한 역량을 갖춘 예비 직업인, 지속적으로 성장하는 인재, 평생 학습을 스스로 기획하고 배움에의 행복을 경험하는 국민을 양성하겠다는 국가적 의지가 담겨 있다. 이 로드맵에서 교사는 지식 전달자를 넘어 학생의 학습 인지 전략과 진로 로드맵을 상담해 주는 멘토 혹은 어드바이저의 역할을 하게 된다.

한국교육개발원의 '학생 수 감소 시대의 미래 교육 방향'

현재 우리나라 인구 감소와 학생 수 급감 현상은 매우 우려할 수준이다. 2028년에는 전체 인구수가 줄어들 것으로 예상된다.[6] 중고생의 경우 1970년대 한 해 인구수가 약 100만명 정도라면, 현재는 약 50만명이며, 초등학생은 40만명 수준이다.[7] 2017년 출생자는 약 36만명, 2018년 출생자는 약 32만명 정도이므로 이러한 추세라면 2019년 이후 학생수는 30만명 이하로 떨어질 수 있을 것이다. 한 가정당 출생 비율도 2017년 기준 1.12명에서 2018년에는 0.9명을 예상하고 있다.

학생 수가 급감하게 되면 우리 교육에는 어떠한 변화가 올 것인가? 한국교육개발원의 「학생 수 감소 시대의 미래 지향적 교육 체제 조성 방안」(2015)은 시나리오 기법을 활용하여 미래 교육에 대한 예측 실효성을 높였다. 보고서의 내용을 요약하면 다음과 같다.

첫째, 미래 교육이 단일한 것이 아니라고 보고, 우리가 희망하는 미래 교육의 모습과 예상하는 미래 교육의 모습을 나누어 살펴보며 그 차이를 통해 알 수 있는 정책적 시사점을 논하였다.

둘째, 사람들이 어렴풋이 그리고 있는 미래 교육의 상을 시나리오를 통해 구체적으로 표현하고, 시나리오와 각 시나리오 별 특징 및 내러티브를 구체적으로 묘사하고 있다.

셋째, 미래 교육은 고정되어 있지 않고 현재 교육의 개입과 실천으로부터 형성되므로, 미래 교육의 판도를 바꿀 수 있는 변인을 개발하여 이를 미래 교육정책의 핵심으로 삼기를 제안하고 있다.

---

6) 매일경제 2019.2.10. 신문 기사
7) 조영태(2016), "정해진 미래", 북스톤

■ 미래 교육의 일반적인 상황

한국교육개발원에서는 미래 교육의 일반적인 상황을 10가지 영역으로 나눠 도표로 제시하였다. 교육의 각 영역별로 지양점과 지향점을 대비하여 설명하였다.

< 미래 교육의 일반적인 상황 >

지양점	구분	지향점
· 초·중등교육 체제 중심 · 초·중등교육 과부하 · 학년제	체제 와 학제	· 유연한 평생 학습 체제로 변화되어 초·중등교육 이후에도 얼마든지 다양한 교육의 기회를 제공 · 무학년제, 학년군제 등
· 일방향적 위계적 분업 · 중앙 권한 집중	거버 넌스	· 다원적 수평적 참여 관계 · 초·중등교육에 대한 지방 자치 단체의 권한 중심 · 현장 자율성 확대로 다양한 혁신 시도
· 문명 습득 · 지식 창출 · 'I'자형 'T'자형 전문가(한 분야의 전문성을 가진 전문가 혹은 수평적으로 넓게 학습을 하면서 한 분야에 대해서 지식을 가진 전문가) · 지식(knowledge) 중심 · 지식을 숙달해야 할 일련의 단계로 여김, 효율성 중시 · 명시적 지식 · 질문에 대한 답을 찾거나 문제에 대한 해결 방안을 찾는일	인간 상과 지식 관	· 불확실상 대처 역량 배양 · 글로벌 작업 창출인(사회적 부가 가치를 창출할 수 있는 감각 중요) · 'U'자형 학습자(타인과 협업할 수 있는 인간상+수평적으로 넓게 학습하되 2~3개 분야에 대해서는 깊이 있게 파고 들면서 지속적으로 학습하는 학습자) · 드림, 하이콘셉트, 하이티지, 감수성, 미적 경험 등 인간의 이성 뿐 아니라 본성과 감성을 최대한 발현할 수 있는 교육 · 인간됨의 본질 추구, 인간만이 할 수 있는 것에 집중 · 지혜(wisdom)중심 (감성과 이성이 총체화된 형태의 인간적 지혜) · 기술 발전을 감당할 수 있는 가치관 형성 · 암묵적 지식의 중요성 증가 · 질문을 찾거나 만들고 문제를 구성하는 일
· 사회학 · 지식의 전수 · 경쟁 관계	학교 기능	· 미래 사회를 설계하는 중심처 역할 · 지역 학습 생태계의 구심점 역할 · 소속감을 갖는 공동체 · 학교에 교육 이외에 돌봄, 건강, 안전, 보호 기능이 부가되어 학교가 아동·청소년을 위한 종합 서비스 구심점

· 공통 교육과정 중심
· 교과 중심
  (특정 사실과 지식의 체계 중심)
· 지식 평가
· 종합 평가
· 개별 평가
· 세상과 거리를 두고 가르치
  는데 집중
	학습
	과정
	과
	평가
		· 개별화된 교육과정
		· 주제 중심, 프로젝트 기반 협력학습
		  (개인 학습–협력 작업–개인 성찰–집단 성찰) 확대
		· 사회적 역량, 컴퓨팅 사고력, 평생학습 역량, 실생
		  활 중심
		· 역량 평가, 형성적 평가, 협업평가

· 교사 1인 대 다수 학생 모형
· 지식 전달 중심(강의식 위주)
	학습
	방법
		· 디지털 정보 네트워크가 가진 풍부한 자원과 결합
		· 다양한 밀도와 지속성을 갖는 학습 공동체
		· 팀 티칭과 교사 전문 학습 공동체 연결
		· 교사 다수 대학생 다수의 모임
		  (주제 중심 학습을 위한 퍼실리테이터로서의 교육
		  자와 해당 주제별 전문가로서의 교육자)
		· 스마트 학습 관리 및 지원 체계를 통해 학습 이력
		  과 과정 분석 및 이에 의한 코칭

· 지식 전달자로서의 교사
· 교사 집단의 유사성
· 교사 중심의 학교 교직원
	교원	· 교사 역할에서 멘토링/코칭, 역할모델 강화
		· 교육자 역할 세분화 : 학습 코치, 연구자, 온라인
		  교수자, 일대일 튜티, 온라인 학습 관리자, 학부모
		  상담가, 교육 소프트웨어 개발자 등
		· 다양한 개성과 경력의 교사
		· 교사 뿐 아니라 학교 공동체를 이루는 다양한 인력

· 획일화된 학교와 교실 구조
· 폐쇄적 학교
	교육
	공간
		· 트렌스포머–스마트 학습 공간
		  (접속과 연결성 확보, 개인 공간과 공동체 공간 확
		  보, 공간간 연결성 확보 등)
		· 학교 밖 학습 경험 공간의 확대 및 학교 안팎 학습
		  경험 연계

· 학교가 독자적으로 기능을
  수행하는 방식
	연계
	체제
		· 지역 사회의 다양한 기관과 연계를 강화하여 네트
		  워크형 교육체로 발전
		· 학교에서 근무하는 형태와 업무가 유연 및 다양
		· 학교 안팎의 활발한 인적 교류와 자유로운 경력
		  이동

· 지식 기반 사회
· 성인기 학습권 미보장
  (개인 책임화)
· 새로운 분야를 학습할 수 있
  는 재기회 보장부족
· 과도한 경쟁과 생존권 다툼
	학습
	생태
	계
		· 가치 생산 사회
		· 학습 복지를 보장하는 사회 시스템
		· 개인 및 가족 학습권을 가능하게 하는 고용 및 직
		  업문화
		· 돌봄과 교육 책무를 함께 부담하는 사회
		· 일상적인 문화 활동과 공연 나눔 문화

미래 교육을 향한 총체적 개혁은 전방위적으로 단계적으로 천천히 이루어져야한다. 교사, 학생, 학부모, 학교, 마을, 전문가 그룹, 기업, 교육 행정 기관, 사회 제반 시스템, 국가 등 모든 주체와 시스템이 이를 위해 공동의 노력을 기울여야 할 것이다.

학생 수 감소에 따른 예상되는 학교 문화의 변화

한국 사회의 학생 수 감소 현상은 교육계에 다양한 파급 효과를 낳을 것이다.[8]

- 학급당 인원수가 적어질 것이다.
- 교사 1인당 학생 수가 줄어들 것이다. (2025년 교사 1인당 학생수는 13.1명 수준)
- 학생 모집이 어려워질 것이다.
- 초·중·고의 통폐합 현상이 가속화될 것이다. (도시 학교도 예외가 아닐 것이다.)
- 다문화 학생 수가 많아질 것이다.
- 교사가 남아도는 현상이 생길 것이다.
- 당분간 교사의 고령화 현상이 가속화될 것이다.
- 기간제 교사의 비중이 늘어날 것이다.
- 대학 들어가기가 상대적으로 수월해질 것이다.

---

8)교육디자인네트워크 창립 심포지움 자료집(2017), "미래 교육, 탐색하고 준비하다"

- 학력 인플레 현상이 나타날 것이다.

- 대학을 나와도 자기가 원하는 직업을 갖기가 쉽지 않을 것이다.

- 대학 구조 조정이 가속화되어 평생 교육 기관으로 전환될 것이다.

- 학교가 (공급자 위주에서 수요자 위주의 문화로) 변화되지 않으면 생존하기 어려울 것이다.

- 학생들의 생활 지도가 갈수록 힘들어지게 될 것이다.

- 탈학교 청소년이 늘어날 것이다.

- 학교 밖 교육 생태계가 발달할 것이다.

- 해외 유학을 하는 학생이 늘어날 것이고, 외국계 학교의 한국 진출도 가능해질 것이다.

미래 교육의 7가지 특징

지금까지 살펴본 다양한 미래 교육의 모습을 종합해보면 다음과 같은 공통된 특징을 찾아낼 수 있다.[9]

■ 네트워킹

물리적 공간과 온라인 공간이 실시간 연동될 것이다. 교육은 학교 교실 너머로 확장되고 가상 현실과 증강 현실의 광범위하게 사용될

---

9) 장슬기(2016), '한국의 교육현장 속에서 미래 학교를 찾다', 경기도교육연구원 개원 3주년 기념 심포지움 자료집

것이다. 전문 기관과의 네트워킹이 강화되고 교사와 전문가들이 연결되는 공간이 만들어질 것이다. 학교 안팎에서 인적 교류가 활발해질 것이고, 교사와 학습자 간에 실시간 의사소통과 협력이 가능해질 것이다. 또한 네트워킹을 통한 글로벌 교육이 시도될 것이다.

■ 스마트 학습 공간

학습 공동체를 위한 시스템과 웹 서비스, ICT 활용이 극대화될 것이다. ICT 학습과 네트워킹이 광범위하게 활용될 것이다. 프로젝트 기반의 협력 학습이 가능해질 것이며 컴퓨팅 사고력이 강조될 것이다. 교육은 디지털 정보 네트워크가 가진 풍부한 자원을 활용할 수 있게 될 것이다. 스마트 학습 관리 및 지원 체계가 형성되고, 공간적 다양성·융통성·활용성을 고려한 학습 환경이 구축될 것이다. 교사, 학생 간 실시간 의사소통과 협력이 가능한 스마트 학습 체계가 구축되고, 스마트 교육 활성화를 위한 기반이 조성될 것이다.

■ 무학년 학점제

연령에 관계없이 다양한 배경을 가진 학습자들을 교육하는 무학년제가 시행될 것이다. 이로 인해 학사 운영도 유연해져, 오전에는 최소의 필수 기본 교과 수업을 하고, 오후에는 학생 선택 맞춤형 교육과정이 운영될 것이다. 학업과 졸업 시기는 그리 중요하지 않게 될 것이다. 모든 연령 학습자의 참여에 대한 실험이 증가할 것이다. 학점제는 교내 학점제를 넘어, MOOC, 유다시티 등과 유사한 온라인강좌를 통한 웹 교육 학점제, 도제 교육이나 직업 현장의 인턴십 교육과정을 통한 인턴십 학점제, 학습 공원이나 마을 교육 공동체를 통해 진행되는 학점제, 타 학교와의 공동 학점제, 꿈의 대학과 같은 방식을 통한 대학 학점의 인증제 등 다양한 방식으로 구현될 것이다.

■ 학습 공동체

학교 내에 학습 가족이라는 학습 공동체가 존재할 것이다. 학교는 공동체의 지식 센터로 재탄생될 것이다. 연령 대신 지식과 역량과 흥미와 학습 유형을 중심으로 학습 공동체가 구성될 것이다. 관심과 흥미 중심으로 그룹화된 학습 공동체가 강조될 것이다. 학습 집단은 소규모, 수평적 팀 지향 조직이 될 것이며, 학습의 개별화는 공동체성의 강조로 인해 감소될 것이다. 수업은 다양한 방식의 학습이 가능한 학습 조직으로 탈바꿈하고, 소속감을 갖는 공동체와 협업 평가 체제도 강조될 것이다.

■ 직업 연계 역량 기반 평생 교육

학습은 초기 단계에서부터 직업 세계와의 밀접한 관련을 가질 것이다. 학교 교육 체제는 평생 학습의 근간이 될 것이다. 학교와 직업 세계의 유연한 이동이 강조되고, 교육의 여러 영역에 산업 인프라가 능동적으로 참여할 것이다. 모듈 기반 직업 훈련과 도제 모델이 도입되고, 학벌이나 자격증보다 역량을 중시하는 사회로 변해갈 것이다. 직장에서의 배움과 평생 학습이 강조될 것이다. 그래서 평등 이념에 기초한, 모두를 위한 평생 학습이 대두될 것이다. 학습자들은 초중등 교육 이후에도 다양한 교육의 기회를 제공받고, 글로벌한 직업이 새롭게 창출될 것이며, 이로 인해 역량 중심 평가가 더욱 강조될 것이다.

■ 학습 코치로서의 교사 역할

교사에게는 팀을 이루어 공동 코칭을 할 수 있는 기회가 많아질 것이다. 교사를 위한 직업 경험 기간을 통해 진로 코칭 역량이 강화될 것이다. 교사는 학습자에게 개별 학습 경로를 안내하고 중재하며 학습에 함께 참여하는 역할을 하게 될 것이다. 전통적인 교과의 경계가 무너지고 통합교과, 범교과가 확대될 것이다. 문제 해결 프로젝트가 확대되고 메타 학습(학습 전략)을 가르치게 될 것이다.

학생을 상담하는 교사 역량의 중요성이 더욱 강화될 것이다. 교사에게는 학생을 가르치는 교수자와 지역 사회의 책무가 결합된 복잡한 역할이 부여될 것이다. 학교는 미래 사회를 설계하는 센터 역할을 할 것이고 교사는 그에 맞는 역할을 수행해야 할 것이다. 이를 위해서는 팀 티칭을 실시하고 교사 전문 학습 공동체와 연결되어야 할 것이다. 다수의 교사와 다수의 학생이 함께 학습하는 모형을 사용하며, 주제 중심 학습을 위한 조력자로서의 역할을 수행하게 될 것이다. 주제별 전문성이 강조되고, 학생별 학습 이력과 과정을 분석하고 이를 코칭하는 역량이 중시되게 될 것이다. 교사 뿐 아니라 학교 공동체를 이루는 다양한 인력이 교육 활동에 참여할 수 있는 기회가 늘어날 것이다.

■ 교육 자치, 지역 사회의 마을 교육 생태계

학습 공원, 학습 마을, 지역 사회를 기반으로 한 열린 학습 공간이 구축될 것이다. 협동조합 형태와 유사한 민주적인 학교가 등장할 것이다. 지역 사회와 함께 하는 돌봄 교실이 강화될 것이고, 사회와 지역 사회에서 학교가 담당해야 할 역할에 우선순위가 주어질 것이다. 학교는 지역 사회에 양질의 학습 환경을 제공하고 공공의 역할을 할 책무를 갖게 될 것이다. 지역 사회 활동가와 학부모의 역할이 제고될 것이며, 학교의 독점이 이완되고 지역 사회와의 연계가 강조될 것이다. 학교가 지역 학습 생태계의 구심점 역할을 하고, 학습 복지를 보강하는 사회 시스템이 강화될 것이다. 일상적인 문화 활동이 학교를 통해 이루어질 것이다. 교육의 사회 통합 기능이 강화될 것이다. 물론 이를 위해서는 사회적 합의가 병행되어야 한다.

미래 교육에 있어서 인성 교육 문제

고고학자들이 기원전 1700년경 수메르 시대에 쓰인 점토판을 해석했더니 '요즘 젊은이들이 버릇이 없다'는 내용이 쓰여 있었다고 한다. 이처럼 역사 이래로 기성 세대와 신세대 갈등은 늘 존재했다. 요즘 아이들을 지도하기 힘들다는 호소는 오늘날도 계속되고 있다.

그 이유는 여러 측면에서 설명할 수 있을 것이다. 발달심리학에서 0-3세까지는 부모의 사랑이 매우 중요한 시기인데, 이 시기에 부모의 사랑을 충분히 받지 못하게 되면 자기 욕구와 감정을 잘 조절하지 못하는 사람으로 자라기 쉽다. 또한 한 자녀 가정이 늘게 되면서 부모의 애정 과다 현상이 일어나다보니 성장 과정에서 개인주의, 이기주의, 부모 의존 현상이 나타나기 쉽다.

문화적 관점에서 보면 어려서부터 스마트폰, 유튜브, SNS, 게임 등 미디어에 노출되어 개인주의적 성향, 미디어 중독, 운동 부족 등이 나타나기 쉽다. 치열한 경쟁 구조에서 지친 청소년들이 무기력하게 살아가거나, IT 발전으로 가상 세계와 현실 세계 사이를 넘나들면서 서로 다른 모습으로 살아가는 경우도 늘고 있다. 요즘 우리나라 청소년들의 진로 희망 인기 직업은 공무원이다. 스스로 개척하는 창업자보다는 사회적 안정을 유지할 수 있는 공무원이 되고 싶어 하는 상황이다. 성인들도 행복을 추구하지만 현재 자기 생활의 만족도는 동서양을 막론하고 오히려 낮아지고 있다. 그러다 보니 미래 사회에 있어서도 인성 교육에 대한 중요성은 더욱 강조될 것이다. 그런데 미래 교육에 있어서 인성 교육은 전통적인 유교 덕목을 기반으로 접근하는 보수적인 접근보다는 새로운 가치와 역량에 기반한 역량 중심 접근이 강조될 것이다.

앞으로 인성 교육의 문제는 영성(靈性) 교육에 대한 관심으로 이어질 수 있다. 개인주의 현상이 가속화될수록 공동체를 지향하는 사람들이 늘어날 것이고, 물질주의에 지친 사람들은 새로운 영성을 추구할 것이다. 이러한 영성 교육은 기존 종교 교육과는 달리 보편적인 영성을 추구하는 형태가 될 가능성이 높다.

3장.
미래형 교육과정을 디자인하다.

3장. 미래형 교육과정을 디자인하다.

"교과서에 있는 것만 가르치세요!"

예전에는 학교에서 교과서 이외의 것을 가르치면 교장이나 교육청의 지적을 받는 경우가 있었다. 그러나 이제는 교과서만 가르쳐서는 안 된다. 미래 교육을 준비하기 위해서는 교육과정을 '재구성'하는 수준을 넘어 새롭게 '디자인'하는 단계까지 나가야 한다. 따라서 이 장에서는 교육과정의 의미가 무엇이며, 교육과정 재구성과 디자인은 어떤 차이가 있는지에 대해 살펴보고자 한다.

교육과정이란?

교육과정(curriculum)의 어원은 '말이 뛰는 경주의 코스' 이다. 즉, 교육과정이란 학생이 일정한 목표를 향해 달리는 경로, 즉 일정한 순서로 배열된 학습의 코스이다. 일반적으로 교육과정은 교육 목표, 내용, 방법, 운영 방안, 평가에 관한 종합적인 계획이 담긴 문서를 말한다.

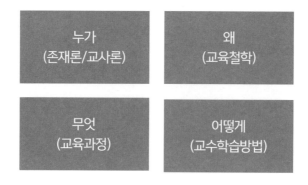

누가
(존재론/교사론)

왜
(교육철학)

무엇
(교육과정)

어떻게
(교수학습방법)

　　교육과정의 핵심 질문은 '무엇을 가르칠 것인가'다. 좁게 보면 학교에서 다루는 지식에 해당한다고 할 수 있지만 넓게 보면 교육 활동 전반이 포함된다. 교육과정의 목표와 선택의 기준이고, 교수 학습 방법도 교육과정을 구현하는 방법이며, 교육평가는 교육 목표의 도달 여부를 확인하는 것이다.

　　교육과정의 방향과 내용은 지식을 무엇으로 이해하는가에 따라 달라진다. 지식을 인류가 쌓아 온 경험의 축적으로 보는가, 사회 구성원으로 기능하는데 필요한 것으로 보는가, 아니면 학생들의 흥미에 기초한 경험으로 보는가 등이 그것이다.

교육과정 운영의 수준

　　교육과정은 운영의 수준에 따라 국가 수준 교육과정, 지역 수준 교육과정, 학교 수준 교육과정, 교사 수준 교육과정으로 나뉜다. 국가 수준 교육과정이 최종적으로 구현되는 공간은 교실이다. 따라서 국가 수준 교육과정을 아무리 정교하게 만들었다 하더라도 교사가 이를 잘 이해하지 못하면 이는 교실에서 제대로 구현될 수 없다.

교과서 발행 제도

교육과정이 전반적인 교육 활동에 대한 계획이라면 교과서는 이를 구체화시킨 것이다. 그러므로 교육과정을 이해하려면 교육과정과 교과서의 관계를 이해해야 한다. 그리고 교과서를 잘 이해하려면 현재 교과서 발행 제도의 특징을 이해해야 한다.

교과서 발행 제도는 크게 국정 교과서제, 검인정 교과서제, 자유 발행제로 나눌 수 있다. 국정 교과서제는 국가에서 교과서를 직접 제작, 발행하고 학교에서 이를 의무적으로 활용하는 제도이다. 검인정 교과서제는 국가로부터 검인정 과정을 통과한 교과서를 학교에서 활용하는 제도이다. 검인정제는 검정제와 인정제로 나눌 수 있다. 검정제란 민간에서 먼저 교과용 도서를 제작한 후에 국가 기관의 심사를 받아 발행하는 제도이며, 인정제는 민간 출판사에서 제작한 교재가 국가(교육부)에서 인정되면 학교에서 이 중 하나를 채택 하는 제도이다. 자유 발행제는 교과서 제작 및 채택에 국가가 개입하지 않고, 국정, 검인정 과정 없이 학교가 자율적으로 교과서를 선택하는 제도이다.

우리나라는 6차 교육과정까지는 국정 교과서 제도를 채택했다. 국

< 세계 각국의 교과서 발행제 운영 현황 (방지원) >

발행 제도	국정제	검정제	인정제	자유발행제
특징	국가가 직접 제작하거나 기관에 위탁하여 제작한 교과서 이외의 교재를 인정하지 않는 제도	민간이 개발해 국가의 검정 심사를 거친 도서를 학교에서 사용하도록 하는 제도	민간 출판사에서 자유롭게 출판한 서적에 대해 국가나 국가의 권한을 위임받은 공적 기관이 정식 교과서로 인정해 주는 제도	민간에서 국가의 간섭이나 통제 없이 자유롭게 교과서를 편찬하고 유통시키는 제도
주요 시행국	북한, 방글라데시, 이란, 이라크, 시리아 수단 등	독일, 오스트리아, 이스라엘, 폴란드 등	미국, 벨기에, 캐나다, 이탈리아 등	핀란드, 프랑스, 네덜란드, 뉴질랜드, 스웨덴, 스위스 등

정 교과서 체제에서는 교육과정이 곧 교과서였기 때문에, 교과서 진도를 나가는 것이 교육과정을 구현하는 것으로 이해되었다.

중등학교에서 검인정제가 도입된 것은 7차 개정 교육과정부터이

다. 그 배경에는 전국국어교사모임의 대안적 교육과정 개발과 '우리 말 우리글' 교과서 개발이 있었다. 대학 교수들이 중심이 되어 만든 국정 교과서보다 현장 교사들이 중심이 되어 만든 교과서가 질적으로 더 뛰어났고, 검인정제가 도입되고 민간 출판사들이 적극적으로 교과서 시장에 뛰어들게 되면서, 교과서는 질적, 양적으로 크게 발전하게 되었다.

검인정제는 현재 중등학교에서만 시행되고 있지만 조만간 초등학교에도 적용될 것으로 예상한다. 국정 교과서제는 다원화, 분권화된 사회에서 그 한계를 드러낼 수밖에 없기 때문이다. 물론 현재 운영되고 있는 검인정제에도 문제가 없는 것은 아니다. 교육부의 심의 기준이 까다롭기 때문에 교과서별 특성이 제대로 드러나지 못하고 있기 때문이다. 검인정제는 취지에 맞게 실행될 필요가 있으며, 중장기적으로는 자유 발행제 형태로 나아가는 것이 좋을 것이다.

자유 발행제를 시행하면 다양한 교재를 수업에 활용하며 원문을 그대로 사용할 수 있다는 장점이 있다. 국어 교과서의 경우 국정이나 검인정 교과서는 발췌하거나 요약된 글을 실을 수밖에 없지만, 자유 발행제를 시행하면 온 작품 읽기가 가능하다. 실제 여러 대안학교에서 이렇게 다양한 교재를 수업에 활용하며 수업을 보다 풍성하게 운영하고 있다.

물론 자유 발행제가 가지고 있는 한계도 있다. 이 제도를 시행하기 위해서는 교사의 전문성과 신뢰성이 담보되어야 한다. 또한 교사의 교재 선택 자율권은 자칫 정치적 문제로 비화될 수 있으며, 학생들이 개별 교재를 구입하는 데 드는 비용 문제도 해결해야 한다.

각 제도의 장단점이 있으므로 반드시 어느 한 제도만 옳다고 보기는 어렵다. 하지만 시대적 흐름과 사회적 요구를 볼 때 이제는 교과서에 대한 자율권을 과감하게 인정하는 방향으로 나아가는 것이 바람직하다고 본다.

교육과정 재구성이란?

교육과정 재구성이란 국가 수준 교육과정을 교사가 전문성과 자율성을 바탕으로 재구성하여 실현하는 것을 말한다. 최근의 교육과정 정책의 흐름은 국가 수준 교육과정은 큰 그림으로만 기능하게 하고, 그 여백을 단위 학교나 교사가 채우도록 하는 것이다. 교육과정 재구성에서 교과서의 위치는 '경전(Bible)'이 아닌 하나의 '교재(Text)'이다.

교육과정 재구성이 필요한 이유는 무엇인가?

교과서는 평균 수준의 학생을 기준으로 개발된 것이므로 모든 학생에게 충분치 않다. 따라서 교실에서 온전한 배움이 일어나도록 하기 위해서는 학생들의 수준에 맞추어 교육과정을 재구성해야 한다.

우리나라는 자습서형 교과서를 사용하는 서구 국가들과는 달리 요약형 교과서를 사용하기 때문에 자기 주도적 교재로 사용되기 어렵다. 따라서 교육과정 재구성을 통해 학생들에게 심화 보충형 자료를 충분히 제공해야 하며, 이 과정에서 교사는 교육과정 기획력을 신장시킬 수 있다. 또한 교과서가 교과주의, 학문 중심 교육과정을 중심으로 집필되어 있어 각 교과마다 주제나 내용이 중복되는 면이 있으므로 교육과정 재구성을 통해 이를 극복해야 한다. 교육과정 재구성은 학생의 흥미를 유발하는 데에도 도움이 된다.

교육과정 재구성을 제대로 하기 위해서는 교육 주체들이 교육과정 기획 및 운영에 실질적으로 참여할 수 있도록 유도해야 한다. 개별 교사보다는 교사 공동체, 더 나아가 단위 학교에서 함께 하도록 하고, 교사만이 아닌 학부모나 지역 사회 구성원, 해당 전문가들도 이에 참여하는 것이 좋다.

디자인이란?

디자인(design)이라는 말은 '지시하다', '표현하다', '성취하다'라는 의미의 라틴어 '데시그나레(designare)'에서 왔다. 이는 계획, 구상, 설계 등으로 번역할 수 있다.

디자인은 '설계'와 비슷하지만 조금 다르다. 엄격하게 구분하자면 '설계'는 과학적 측면을, '디자인'은 예술적 측면을 강조한 개념이라 할 수 있다. 예를 들어 의상을 만든다고 할 때는 의상 설계라는 말보다는 의상 디자인이라는 용어를 사용하는 것이 자연스러우며, 웹을 꾸밀 때는 웹 디자인, 웹 프로그램을 만든다고 할 때는 웹 설계라고 부르는 것이 자연스러운 것처럼 말이다.

교육 디자인과 교육과정 디자인, 교육과정 재구성

교육 디자인의 목표는 학습자로 하여금 새로운 가치와 지식을 구성하도록 함으로써, 학습자 개인과 학습자 집단의 바람직한 변화를 추구하는 것이다. 교육 디자인은 교육 내부에 존재하는 까다로운 문제 해결에 초점이 있고, 그 과정에서 협업이나 참여를 요구한다. 교육 디자인에는 교수 자료, 학교 공간 등을 시각적, 물리적으로 디자인하는 개념이 포함된다. 교육 디자인은 교육 문제를 해결하기 위해 선제적이고 적극적으로 해결 방안을 제시한다.

교육과정 디자인이란 교육과정 재구성을 넘어서는 개념이다. 교육과정 재구성의 초점이 지식을 재구조화하는 것에 있다면, 교육과정 디자인은 지식을 창출하는 것까지를 포함한다. 전통적인 의미의 교육과정 디자인은 교육과정 편제와 교육과정 내의 교과목을 어떻게 배정할 것인가의 문제를 다루지만, 여기서 말하는 교육과정 디자인은 교사가 직접 교육과정을 창출하는 것을 포함하는 개념이다. 즉, 지역 내지 학교 특색 과목을 새롭게 과목을 설치하여 운영하는 것을 포함한다.

교육과정 재구성은 교육과정 디자인 안에 포함된 개념이다. 따라서 미래 교육에서는 교육과정 디자인 개념을 중심으로 교육과정 문제를 풀어 나가야 한다.

왜 교육과정 디자인인가?

불확실하고 다양한 변수가 존재하는 미래 사회에 대비하려면 지식 자체 보다는 지식을 활용할 수 있는 역량에 초점을 두어야 한다. 또한 이러한 역량 중심 교육과정을 구현하려면 교사에게 교육과정을 디자인할 수 있는 능력이 있어야 한다. 이를 통해 학교 차원에서는 특색화된 교육과정을 만들 수 있고, 교사 차원에서는 수업 전문성을 신장시킬 수 있다.

다원화된 사회에서 교육과정을 의미 있게 구현하려면 교육과정에 학생과 학부모들의 요구, 사회적 변화, 새로운 지식 등을 적극 반영하여야 한다. 이러한 다양한 사회적 요구는 국가 수준 교육과정에 모두 담을 수 없고 그럴 필요도 없다. 국가 수준 교육과정은 교사가 전문성을 토대로 교육과정을 디자인할 수 있는 큰 틀로만 기능해야 한다. 물론 교사의 교육과정 기획력과 전문성을 신장시킬 수 있는 제도적 지원 방안도 함께 추진되어야 할 것이다.

미래형 교육과정 디자인의 방향

미래형 교육과정 디자인의 방향은 다음과 같다.

첫째, 지식 전달 교육이 아닌 역량 중심 교육을 지향해야 한다. 지식과 이해 수준에서 적용, 분석, 종합, 평가 수준으로 나가야 하며, 고차원적 사고가 중심이 되어야 한다. 또한 지식 자체보다는 지식을 삶에서 잘 활용할 수 있는 방식을 가르치고, 다양하고 복잡한 구체적인 삶의 문제를 해결할 수 있도록 해야 한다.

둘째, 학생 참여형 교수 전략을 전제해야 한다. 프로젝트 수업, PBL 수업, 협동학습 등 참여적 교수 전략에 기반하여 접근하되, 학습 내용을 줄여 재구성할 수 있는 여백을 만들어야 한다.

셋째, 학생들의 다양한 학습 수준과 특성을 고려해야 한다. 그래서 상위권, 하위권 학생들도 배움의 기쁨을 온전히 맛볼 수 있도록 해야 한다.

넷째, 교사의 교육과정 전문성을 기반으로 해야 한다. 교사의 전문성이 뒷받침되지 않은 상황에서의 교육과정 디자인은 교육의 질 저하로 연결되므로 교사의 교육과정 기획력 및 전문성 신장을 위한 지원 체제가 필요하다. 또한 교사의 교육과정 자율성을 보장하되 그에 따른 책무성을 부여해야 한다.

다섯째, 사회의 필요, 시대적 요구, 지역 사회의 요구를 반영해야 한다. 교육은 미래 사회나 현재 사회의 요구, 시대적 요구와 시사성도 반영해야 한다. 또한 마을 공동체나 지역 사회의 요구들을 사회 참여 프로젝트 수업 등으로 반영할 필요도 있다.

여섯째, 학교 수준 교육과정 차원에서 교육과정 운영 시수와 강사 배정 등을 고려해야 한다. 학점제나 집중 이수제 등을 통해 교육과정 운영 시수를 유연하게 배정하고, 재정과 하드웨어 등을 적극 지원해야 한다.

일곱째, 다양한 학교 여건과 교실 상황을 고려해야 한다. 도시 학교와 시골 학교, 다인수 학교와 소인수 학교, 공립학교와 사립학교, 인문계 고교와 전문계 고교 등 학교별 상황과 특성에 맞게 교육과정을 특색화해야 한다. 학생 수가 감소하여 학생들에게 선택받지 못한 학교는 결국 사라질 수밖에 없으므로, 학생들의 필요에 맞게 적절한 교육과정이 디자인되어야 한다.

교육과정 디자인과 교육과정 무시(파행적 운영)의 차이점

교육과정 디자인은 국가 수준 교육과정을 무시하는 것과는 다르다. 일부 특목고나 자율학교에서 시행되는 입시 교육을 위한 파행적인 교육과정 운영과도 거리가 멀다. 교육과정 디자인은 국가 수준 교육과정의 목표와 성취 기준을 반영하며, 학교나 교사의 전문성에 대한 사회적 검증과 신뢰를 바탕으로 이루어지는 것이다. 자의적으로 입시에 필요한 과목을 늘리고 상위권 학생들이 유리한 내신 등급을 받을 수 있도록 교육과정을 운영하는 것, 일부 학생들을 위한 교내 대회 운영, 절대 평가를 빙자한 점수 부풀리기 등으로 교육과정 운영 자

율권을 남용하는 경우에는 교육 기관의 철저한 장학 지도를 받아야
할 것이다.

 또한 교사의 전문성이 낮은 상태에서 교육과정 디자인만 강조될
경우 질 낮은 교육과정 운영으로 연결되게 된다. 예컨대 자유학년제
의 주제 선택 활동 시간에 자율학습을 하거나 수업 시간만 때우는 방
식으로 진행하는 것은 진정한 교육과정 디자인이 아니다. 교육과정
디자인의 결과는 반드시 학생의 배움 증진과 연결되어야만 한다.

교육과정 디자인을 할 때, 교사 개인에게만 의존하는 것은 한계가 있다.
교사 개인의 교과 역량이 뛰어나면 해당 교과가 알차게 운영될 수 있
겠지만 해당 교사가 더 이상 그 교과를 담당하기 힘들게 되어 버리면
문제가 생길 수 있다. 그러므로 집단 지성을 통해 교육과정을 구성하여
운영하는 노력이 필요하다. 교사학습공동체 차원에서 공동으로 디자인
하여 해당 교사가 수업을 담당하기 힘들어도 일정 수준의 교과 수업을
운영할 수 있어야 한다. 팀티칭을 하거나 협력교사제를 통해 교과를
운영하는 것도 좋다.

교육과정 협의회를 통해 교육과정이 상시적으로 업데이트할 수 있는
체제로 운영할 수 있어야 한다. 시대적 흐름과 학교 상황의 변화, 학생
만족도와 반응 등을 고려하여 수정 보완하여 운영될 수 있어야 한다.
그래서 교육과정이 해마다 단순 반복되는 것이 아니라 시간이 갈수록
교육과정 수준이 올라갈 수 있도록 해야 한다.

4장.
교육과정의 역사와 담론을 살피다.

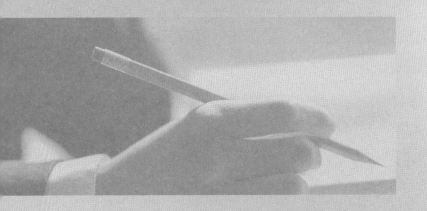

4장. 교육과정의 역사와 담론을 살피다.

교육과정 운동의 역사

최근 들어 교육과정에 대한 담론이 풍성해지고 있다. 교육부나 교육청 차원에서 추진하는 교육 정책의 핵심 역시 교육과정과 관련이 있다. 교육과정 담론을 이해하려면 이러한 담론이 등장하게 된 사회적 배경과 맥락을 잘 이해해야 한다. 여기에서는 최근에 논의되고 있는 다양한 교육과정 담론들과 담론이 제기하는 핵심 질문이 무엇이며, 과거에서 현재까지 교육과정 담론이 어떻게 형성되어 왔는지 살펴보고자 한다.[10]

교과 중심 → 경험 중심 → 사회 중심 → 학문 중심 → 구성 주의 → 역량 중심

---

10) 박도순 외(1999), "교육과정과 교육평가", 문음사

■ 교과 중심 교육과정

교과 중심 교육과정의 목적은 '문화 유산의 전달'이다. 항존주의 교육철학을 배경으로 하는 이 교육과정은, 학교에서 가르쳐야 할 것은 문화유산 가운데 영구적이고 확정적이며 객관적인 사실, 개념, 법칙, 가치, 기능이라고 주장한다. 교과 중심 교육과정에서는 읽기, 쓰기, 듣기, 말하기, 계산 능력 등의 기초 지식과 전문 용어에 대한 지식, 선량한 시민으로 살기 위해 필요한 기본 가치와 덕목의 습득을 강조한다. 대표 학자로는 해리스, 허시, 베넷 등이 있다.

■ 경험 중심 교육과정

경험 중심 교육과정의 목적은 '아동의 발달'이다. 이 교육과정은 교과 중심 교육과정이 학생의 경험과 흥미와 괴리되어 있다고 비판하면서 등장했다. 학생 중심 교육과정에서는 교과는 문화 유산이 아닌 일상 생활의 경험으로부터 도출되어야 한다고 본다. 학생의 흥미에 초점을 두고 학생의 삶과 밀접하게 연결된 교육과정을 구성하면 더 좋은 시민을 길러낼 수 있다는 것이다. 이 교육과정은 학생의 흥미, 욕구, 과거 경험과의 상호 작용을 중시하며, 교사는 지식의 전달자가 아닌 안내자나 조력자로 본다. 대표 학자로 루소, 페스탈로치, 듀이를 들 수 있다.

■ 사회 중심 교육과정

사회 중심 교육과정의 목적은 '학생들로 하여금 사회에 필요한 지식을 습득하게 하여 사회에서 자신의 역할을 잘 수행할 수 있도록 하는 것'이다. 이 교육과정에서는 미래 사회를 변화시킬 수 있는 태도와 신념을 기르기 위한 도덕과 비판적인 지성을 중시한다. 사회 중심 교육과정에는 사회에 필요한 지식을 가르쳐야 한다는 사회 적응적 입장과 사회의 모순을 해결하고 교육을 통해 민족과 국가를 개혁해야 한다는 사회 개혁적 입장이 있다. 1930년대 사회 재건 주의, 1960년대 네트 마르크스주의 등이 후자에 해당한다. 특히 사회 개혁적 입장에서는 교육 내용과 활동을 사회의 불합리성과 모순을 깨닫는 것으로 구성하여, 학생들을 사회의 구조적 모순을 변화시키는 실천가로 키워야 한다고 주장한다. 대표 학자로 보울즈, 진티스, 카운츠, 지루 등을 들 수 있다.

■ 학문 중심 교육과정

학문 중심 교육과정의 목적은 '지력 계발'이다. 이 교육과정에서 중시하는 것은 학문의 구조를 이해하는 것이다. 학문의 구조란 기본 개념, 법칙과 원리, 주제와 요소들 간의 상호 관련성 등이다. 이 교육과정은 모든 학문에는 기본 구조가 있으며, 학교에서 모든 지식을 다 가르칠 수는 없으므로 핵심에 해당하는 학문의 구조를 가르쳐야 한다고 주장한다.

학문 중심 교육과정은 1957년 소련이 인공위성 스푸트닉 발사에 성공하면서 나타난 미국 사회의 대대적인 사회적 각성 운동의 결과이다. 이 교육과정은 경험 중심 교육과정과 진보주의 교육 운동이 기초적인 지식을 소홀히 여겼다고 비판했다. 학문 중심 교육과정에서는 전통 학문의 구조를 반복하여 심화, 발전시키는 나선형 교육과정을 따라야 한다고 주장했으며, 대표 학자로 브루너를 들 수 있다.

■ 구성주의 교육과정

구성주의 교육과정의 목적은 '학생의 주체적인 지식 구성과 학습 참여'이다. 구성주의 교육과정은 지식을 상대적이고 주관적이며 사회적인 것으로 이해한다. 또한 실생활에서 부딪치는 문제를 중히 여기고, 교사는 학생들이 이를 주도적으로 해결할 수 있도록 촉진하는 역할을 해야 한다고 주장한다. 구성주의 철학을 대변한 수업 방법으로 프로젝트 수업, 문제 중심(PBL) 수업, 협력학습 등이 있으며, 대표 학자는 비고츠키이다.

■ 역량 중심 교육과정

역량 중심 교육과정의 목적은 '미래 사회에 필요한 핵심 역량을 강화하는 것'이다. 역량이란 지식과 기능뿐 아니라 태도, 감정, 동기 등을 총 가동하여 특정 맥락의 복잡한 요구를 성공적으로 충족시킬 수 있는 능력이다.

역량 중심 교육과정은 2001년 OECD 데세코 프로젝트(Defining and Selecting Key Competencies)에서 미래학자들과 교육학자들이 미래 사회 변화와 핵심 역량을 연구하면서 그 대안으로 등장했다. 이 교육과정은 현재의 지식으로 미래를 살아가기 힘들다는 전제 하에 지식 자체보다는 실행 및 문제 해결 능력을 중시한다. 직업인으로서 갖춰야 할 핵심 역량을 학교에서도 어느 정도 길러야 한다는 사회적 요구도 역량 중심 교육과정이 등장하는 하나의 배경이 된다. 이 교육 과정은 현재 전 세계에 영향을 미치고 있으며, 최근 핀란드에서는 국가 차원에서 이를 시도하고 있다.

우리나라 교육과정 정책의 역사

교과 중심 교육과정은 1차 교육과정(1954-1963)의 기반이 되었고, 경험 중심 교육과정은 2차 교육과정(1963-1973)에 영향을 미쳤다. 또한 학문 중심 교육과정은 3차 교육과정 개정에서부터 6차 교육과정(1973-1997)의 기초가 되었다. 그리고 구성주의 교육과정은 7차 교육과정에서부터 2009 개정 교육과정에 이르는 시기(1997-2015)에 영향을 주었으며, 역량 중심 교육과정은 2015 개정 교육과정의 기반이 되었다.

우리나라의 교육과정 운동은 미국 교육과정 운동의 흐름에 영향을 받았다. 보통은 미국에서 유행하던 교육과정을 10년 후에 차용하는 방식이었지만, 최근에는 거의 시간차 없이 받아들이고 있는 실정이다.

1차 (1954~1963) 교과중심	2차 (1963~1973) 경험중심	3차 (1973~1997) 학문중심	7차/2007/2009 (1997~2015) 구성주의	2015 개정 교육과정 역량중심

교육과정 운동의 강조점과 변화

교육과정 담론은 시대의 흐름과 사회적 요구에 따라 변해왔다. 각각의 담론들을 연결하는 핵심 질문은 '지식을 어떻게 바라보는가'이다. 여기에는 크게 세 가지 입장이 있다. 첫째는 지식은 인류 역사 이래 쌓아온 지식과 정보의 축적이라는 객관적 인식론에 입각한 입장이다. 둘째는 지식은 학생들의 흥미와 경험을 토대로 해야 한다는 상대적 인식론에 입각한 입장이다. 셋째는 지식은 사회적으로 구성된 것이므로 교육과정도 사회적 요구에 따라 구성되어야 한다는 입장이다. 각 입장이 강조하는 바는 전통적 지식, 학생의 흥미와 경험, 사회적 요구이다.

전통적 지식을 강조하는 교육과정은 교과 중심 교육과정과 학문 중심 교육과정이며, 학생의 흥미와 경험을 강조하는 교육과정은 경험 중심 교육과정, 구성주의 교육과정이다. 또한 사회적 요구를 강조하는 교육과정은 사회 중심 교육과정, 역량 중심 교육과정이다. 이를 보면 교육과정 운동의 강조점이 지식, 학생, 사회 순으로 두 바퀴째 돌고 있음을 알 수 있다.

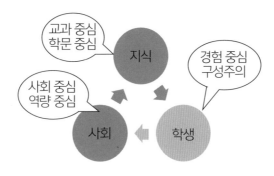
< 교육과정의 강조점 >

역량 중심 교육과정은 사회의 필요를 바탕으로 하되 전통적 지식과 학생의 경험을 모두 중시하고 있다고 할 수 있다.

교육과정 정책과 정치와의 관계

교육 활동은 정치적 중립을 지켜야 한다고 강조하지만 아이러니하게도 교육과정은, 가장 정치적인 영역이다. 이는 우리나라 교육과정의 역사에도 잘 드러난다. 대개 보수 진영에서는 전통적 지식이나 학문에 초점을 두며, 진보 진영에서는 학생들의 흥미와 성장에 초점을 둔다.

하지만 최근에는 반대 진영의 주류 담론을 교육과정에 반영하는 사례도 있었다. 보수 정권인 박근혜 정부에서 중학교 자유 학기제를 추진한 것이 이에 해당한다. 반면 고교 학점제는 진보 정권인 문재인 정부에서 난항을 겪고 있다. MB 정부에서 실시했던 교과 교실제가 박근혜 정부에서 고교 학점제로 연결되지 않으면서 어려움이 생긴 것이다. 하지만 고교 학점제의 기반이 되는 수능의 자격 고사화나 절대 등급화, 교사별 평가제가 대입 제도 공론화 과정에서 추진되지 못하면서 고교 학점제의 전면 확대 시기도 늦어지게 되었다.

국가 수준 교육과정은 개발되는 과정에서 다양한 이익 집단의 영향을 받는다. 어떤 과목의 시수가 늘어나느냐, 수능 과목이 무엇으로 결정되느냐에 따라 과목 관련자들의 희비가 엇갈린다. 정부에서 방과 후 스포츠 활동을 강조했을 때는 체육 관련 단체들이 혜택을 누렸고, 안전 교육을 강조했을 때에는 안전 교육 관련 단체들의 영향력이 커졌다.

참여 정부 시절에 전면 도입된 수준별 교육과정은 교육계가 아닌 정치계의 요구에서 비롯된 것이었다. 수준별 교육과정은, 고교 평준화 이후 학생들의 학업 성취도가 하향평준화 되었다는 야당의 비판에 대한 정치적 대안이었다. 하지만 학습 환경과 평가 체계를 손보지 않은 채로 도입하다 보니 많은 문제점이 발생했다. 하위권 학생들은 재정적인 지원에도 불구하고 열등감과 무력감에 빠져서 학습 효과를 거두지 못했고, 교사들도 하위권 학생들 지도를 기피하게 되어 시간 강사를 활용하다보니 실제로는 우열반 형태로 진행되었던 것이다.

박근혜 정부 시절에 일어난 역사과 국정 교과서 파동은 정치가 교육과정에 영향을 미친 대표적인 사례이다. 교학사의 한국사 교과서가 극우적 관점에서 기술되었다고 평가를 받아 거의 대부분의 학교에서 외면받자, 정부가 아예 한국사 교과서를 국정으로 전환하려고

한 것이다. 이는 역사학계와 교육계, 국민들의 반대로 무산되었고, 문재인 정부는 적폐 청산 차원에서 국정 교과서 추진 세력에 대한 조사를 벌였다. 이처럼 교육정책의 핵심은 교육과정 관련 정책들이라 할 수 있다.

교육과정 담론 키워드 살펴 보기

대통령, 교육부 장관, 교육감이 바뀔 때마다 새로운 교육과정 정책과 담론이 등장한다. 그러나 학교 현장에서는 이를 잘 이해하지 못하는 경우가 많다. 따라서 여기서는 최근에 등장한 교육과정 담론을 키워드를 중심으로 간단히 살펴보고자 한다.

■ 교육과정-수업-평가-기록의 일체화

- 교육과정, 수업, 평가, 기록을 일체화하여 교육과정을 정상적으로 운영할 수 있도록 함
- 교육과정 재구성+배움 중심 수업+과정 중심 평가+사실 중심 기록

■ 성취 기준

- 교사가 무엇을 가르치고 평가해야 할지 국가가 제시하는 구체적인 지침
- 국가 수준 교육과정에서 학교 교육과정의 질 관리를 위해 구체적으로 제시해 놓은 평가 목표

■ 백워드 교육과정

　◦ 타일러의 합리적 교육과정 개발 순서 (순방향 : 교육목표 ⇒ 내용 ⇒ 방법 ⇒ 평가)를 뒤집어서 접근한 교육과정 (역방향 : 교육목표 ⇒ 평가 ⇒ 내용 ⇒ 방법)

　◦ 학생의 학습 내용 이해 및 학력 관리를 강조함

■ 역량 중심 교육과정

　◦ 미래 사회에 필요한 핵심 역량을 중심으로 개발된 교육과정

■ 과정 중심 평가

　◦ 결과 중심 평가의 한계를 극복하기 위해 등장한 평가 방식

　◦ 문제 해결 과정을 중시하는 성장 중심 평가

■ 교사별 평가제

　◦ 개별 교사에게 평가의 자율권을 주는 제도

　◦ 학년별 평가 제도를 극복하기 위함.

■ 중학교 자유 학기(학년)제

　◦ 중학교 과정 중 한 학기 또는 두 학기 동안 지식 · 경쟁 중심의 문화에서 벗어나 학생의 소질과 적성을 키울 수 있는 다양한 체험 활동을 중심으로 교육과정을 운영하는 제도

　◦ 진로 탐색 활동, 주제 선택 활동, 예술 체육 활동, 동아리 활동

■ 교과 교실제

　◦ 대학처럼 학생들이 교과별로 특성화된 교실을 찾아 수업을 받도록 하는 제도

■ 고교 학점제
　◦ 대학처럼 고등학교에서도 학점을 단위로 수업을 이수할 수 있
　　도록 하는 제도
　◦ 성적, 특성, 진로, 관심사 등에 따라 자기가 원하는 과목을 신청
　　하여 수강할 수 있도록 함

교육과정과 관련된 핵심 질문과 담론과의 관계

　　교육과정 담론을 제대로 이해하기 위해서는 교육과정과 관련된 핵
심 질문을 잘 이해해야 한다. 예를 들어 고교 학점제를 이해하기 위해
서는 "학습 수준과 진로 방향이 다른 학생들이 같은 학교나 교실에서
의미 있는 배움을 경험할 수 있을까?", "잠자는 고등학생들을 어떻게
깨울 것인가?" 라는 질문에 대해 고민해야 한다. 고교 학점제는 이 질
문에 대한 하나의 대안일 뿐 유일한 대안은 아니다.

　　교육과정과 관련된 핵심 질문과 교육과정 담론을 연결하면 다음과
같다.

■ "다른 학교와는 달리 우리 학교(지역)만이 가지고 있는 특징과
차별성은 무엇인가?"
　◦ 학교 특색화 교육과정, 지역 특색화 교육과정 등
■ "학습 수준이 다른 학생들이 같은 학교 및 교실에서 의미 있는 배
움을 경험할 수 있을까?"

○ 수준별 교육과정, 고교 학점제 등

■ "다양한 진로를 준비해야 하는 학생들을 어떻게 가르칠 것인가?"

○ 자유 학기제, 진로 맞춤형 교육과정, 인턴십 교육과정, 고교 학
점제, 동아리 학급제 등

■ "무기력하거나 학습 능력이 탁월한 학생들을 특성에 맞게 가르
치려면 어떻게 해야 할까?"

○ 고교 학점제, 대안 교실제, 영재 교육과정, 방과 후 교육과정 등

■ "학생들이 직접 자기가 원하는 수업을 만들어 참여할 수 있을까?"

○ 자기 주도형 교육과정, 프로젝트 기반 수업, 경기도 꿈의 학교,
학점제 등

■ "왜곡된 교육과정과 평가 방식을 어떻게 정상화할 수 있을까?"

○ 교육과정-수업-평가-기록의 일체화, 수행 평가, 과정 중심 평
가, 성장 중심 평가 등

■ "불확실한 미래 사회를 대비하기 위한 학교 교육과정은 어때야
할까?"

○ 역량 중심 교육과정, 자기 주도형 교육과정, 자유 학기제, 고교
학점제 등

■ "학생들의 학력을 신장시키려면 교육과정을 어떻게 운영해야 할
까?"

○ 성취 기준, 백워드 교육과정, 완전 학습, 결과 중심 평가 등

교육과정 담론의 현실화 문제

각각의 교육과정 담론은 현실적인 장단점을 갖고 있다. 하나의 담론이 복잡한 교육 문제를 단번에 해결해 줄 수 있는 것도 아니다. 단점만을 부각시켜 현실 가능성을 무력화시키는 것도 좋은 태도는 아니다. 교육과정 담론을 현실화시키기 위해서는 현실적으로 가능한 범위에서 실천하면서 그 과정에서 발생하는 시행착오를 줄여나가야 한다.

교육과정 담론이 의미 있게 구현되기 위해서는 여러 담론이 유기적으로 연결되어야 한다. 예를 들어 고교 학점제가 안정적으로 운영되려면 구성주의나 역량 중심 교육과정, 교과 교실제, 절대 평가, 교사별 평가, 수시 중심 대입 제도 등이 뒷받침되어야 한다. 반대로 학문 중심 교육과정, 상대 평가, 학년별 평가, 결과 중심 평가, 수능 체제 등은 서로 유기적으로 연결되어 있다. 이처럼 맥락이 연결된 정책들이 함께 추진될 때 그 효과는 극대화 된다.

| 구성주의 /역량중심 교육과정 | 절대 평가 | 교사별 평가제 | 과정 중심 평가 | 수시 입시 | 교과 교실제 | 학점제 |

두 가지 세트 중 어느 것을 선택할 것인가는 그리 쉬운 문제는 아니다. 무엇보다 교육 철학의 방향이 다르면 교육 혁신의 방향도 달라질수밖에 없다. 교육과정 혁신의 방향이 다르면 진영 간 갈등이 생긴다. 현재 교육과정 담론의 혼란은 교육철학의 부재나 충돌에 기인한다. 그러므로 교육과정을 혁신하기 위해서는 먼저 혁신 방향에 대한교육철학을 정립하고 이에 대한 사회적 합의를 이루어야 할 것이다.[11]

---

11) 사회적 합의를 이루는 방법 중의 하나가 '국가교육위원회' 설치 문제가 될 것이다. 이를 통해 다양한 정치 세력이 대화와 합의를 통해 국가 교육의 방향을 합의할 수 있을 것이다. 하지만 자칫 관료 조직이 하나 추가되어, 교육부-교육청-교육지원청-학교 4단계 구조가 국가교육위원회-교육부-교육지원청-학교 5단계 구조가 된다면 오히려 학교 자치가 위축될 수도 있다.

5장.
역량 중심 교육과정으로
미래를 준비하다.

5장. 역량 중심 교육과정으로 미래를 준비하다.

전통적으로 학교에서 사용하고 있는 지식 전수 모델은 미래 사회를 대비하기에 적절치 않다. 그래서 OECD의 '데세코 프로젝트'는 미래 사회에 필요한 핵심 역량을 규정하고 이를 기를 수 있는 역량 중심 교육과정을 제안했다.

역량 중심 교육과정은 왜 필요한 것일까? 첫째로 불확실한 미래 사회를 살아갈 현실적 능력이 필요하기 때문이며, 둘째로 미래 사회에 필요한 인재를 길러내야 하기 때문이고, 셋째로 직업인으로서 수행 능력을 학교에서 길러주어야 하기 때문이다.

역량이란 무엇인가?

역량은 학자나 기관에 따라 다르게 정의된다.
■ 환경과 효과적으로 상호 작용하는 능력 (화이트, 1959)
■ 현장에서의 우수한 직무 성과를 예측하게 하는 개인의 내재적인 특성 (맥클라인, 1973)
■ 특정 상황이나 직무에서 우수한 성과를 가능하게 하는 동기, 특질, 자기 개념, 지식, 기술 등 개인의 내적 특성 (스펜서와 스펜서, 1993)

■ 특정 맥락의 복잡한 요구를 성공적으로 충족시키는 능력으로서 태도, 감정, 가치, 동기 등 사회적, 행동적 요소 뿐 아니라 인지적, 실천적 기술을 포함 (OECD, 2003)

■ 구체적인 과제를 수행하는데 필요한 기술, 능력, 지식의 집합체 (NCES, 2002)

■ 직업 기준에서 해당 직업이나 기능을 효과적으로 수행하도록 하는 지식, 기술, 태도 (IBSTPI, 2005)

이를 통해 공통으로 추출할 수 있는 역량의 특징은 다음과 같다.[12]

■ **총체성**

총체성이란 지식이나 기술뿐 아니라 동기와 태도를 포함한 인간의 심층적인 특성을 의미한다. 각 역량의 요소들은 유기적으로 연결되어 있다.

■ **수행성**

수행성이란 실제 수행 상황에서 과제에 대한 반응 능력 즉, 실제로 실천할 수 있는 능력을 말한다.

■ **맥락성**

맥락성이란 사회적 맥락에 내재된 가치와 기준을 고려하여 발휘하는 능력을 의미한다.

---

12) 서울대 교육학과 bk21 역량기반교육혁신사업연구단 외(2010) "역량 기반 교육", 교육과학사

■ 학습 가능성

학습 가능성이란 경험에 의해 형성하고 학습을 통해 습득할 수 있는 능력을 말한다.

역량이란 한 마디로 문제 해결 능력이라 할 수 있다. 아는 것을 넘어 할 수 있는 것을 말하며, 지식을 활용할 수 있는 능력인 '지혜'와 비슷하다. 역량은 지적인 능력으로만 국한되지 않는, 가치, 태도, 동기, 기술 등이 포함된 총체적인 능력이다. 지식, 기술 등이 드러난 역량이라면 자기 정체성, 특성, 동기, 자세, 신념 등은 감춰진 역량이다.

범주	핵심 역량
자율적으로 행동하기	■ 넓은 시각에서 행동하는 능력 ■ 인생의 계획과 개인적인 관계를 설정하고 실행하는 능력 ■ 자신의 권리, 관심, 한계, 욕구를 옹호하고 주장하는 능력
도구를 상호작용적으로 활용하는 능력	■ 언어, 상징, 텍스트가 상호작용 할 수 있도록 활용하는 능력 ■ 지식과 정보가 상호작용 할 수 있도록 활용하는 능력 ■ 기술을 인간과 상호작용 할 수 있도록 사용하는 능력
사회적 이질 집단에서 상호 작용하기	■ 다른 사람들과의 관계를 잘맺는 능력 ■ 협동하는 능력 ■ 갈등을 관리하고 해결하는 능력

미국의 교육과정 재설계 센터 (CCR, Center for Curriculum Redesign)에서는 미래 사회에 필요한 핵심 역량으로 '4C'를 제시하

였다.[13]

① Critical Thinking(비판적 사고력)

단순히 오류를 찾아내는 능력이 아닌 목적 의식적이고 반성적인 판단을 할 수 있는 능력

② Creativity(창의력)

새로운 생각이나 개념을 찾아내거나 기존에 있던 생각이나 개념들을 새롭게 조합해 나가는 능력

③ Communication Skills(의사소통 능력)

언어나 몸짓, 매체 등 다양한 기호 등을 매개로 한 정신적, 심리적 전달 교류 능력

④ Collaboration(협업 능력)

혼자가 아닌 함께 일할 수 있는 능력

이에 영향을 받아 2015 교육과정에서는 핵심 역량을 다음과 같이 제시하고 있다.[14]

---

13) 서울대 교육학과 bk21 역량기반교육혁신사업연구단 외, 위의 책
14) https://www.ncs.go.kr

핵심 역량	의미
자기 관리 역량	자아 정체성과 자신감을 가지고 자신의 삶과 진로에 필요한 기초 능력과 자질을 갖추어 자기주도적으로 살아갈 수 있는 능력
지식 정보 처리 역량	문제를 합리적으로 해결하기 위하여 다양한 영역의 지식과 정보를 처리하고 활용할 수 있는 능력
창의적 사고 역량	폭넓은 기초 지식을 바탕으로 다양한 전문 분야의 지식, 기술, 경험을 융합적으로 활용하여 새로운 것을 창출하는 능력
심미적 감성 역량	인간에 대한 공감적 이해와 문화적 감수성을 바탕으로 삶의 의미와 가치를 발견하고 향유하는 능력
의사소통 역량	다양한 상황에서 자신의 생각과 감정을 효과적으로 표현하고 다른 사람의 의견을 경험하며 존중하는 능력
공동체 역량	지역, 국가, 세계 공동체 구성원으로서 요구되는 가치와 태도를 가지고 공동체의 발전에 적극적으로 참여하는 능력

직업 교육 측면에서 강조하고 있는 직업 기초 역량은 다음과 같다.(국가직무능력표준)[15)

■ 의사소통 능력

업무를 수행함에 있어 글과 말을 읽고 들음으로써 다른 사람이 뜻한 바를 파악하고, 자기가 뜻한 바를 글과 말을 통해 정확하게 쓰거나 말하는 능력

■ 수리 능력

업무를 수행함에 있어 사칙연산, 통계, 확률의 의미를 정확하게 이해하고, 이를 업무에 적용하는 능력

---

15) 국가교육과정정보센터 (http://ncic.go.kr)

■ 문제 해결 능력

업무를 수행함에 있어 문제 상황이 발생하였을 경우, 창조적이고 논리적인 사고를 통하여 이를 올바르게 인식하고 적절히 해결하는 능력

■ 정보 능력

업무와 관련된 정보를 수집하고, 이를 분석하여 의미있는 정보를 찾아내며, 의미있는 정보를 업무수행에 적절하도록 조직하고, 조직된 정보를 관리하며, 업무 수행에 이러한 정보를 활용하고, 이러한 제 과정에 컴퓨터를 사용하는 능력

■ 조직 이해 능력

업무를 원활하게 수행하기 위해 국제적인 추세를 포함하여 조직의 체제와 경영에 대해 이해하는 능력

■ 기술 능력

업무를 수행함에 있어 도구, 장치 등을 포함하여 필요한 기술에는 어떠한 것들이 있는지 이해하고, 실제로 업무를 수행함에 있어 적절한 기술을 선택하여 적용하는 능력

■ 자원 관리 능력

업무를 수행하는데 시간, 자본, 재료 및 시설, 인적자원 가운데 무엇이 얼마나 필요한지를 확인하고, 이용 가능한 자원을 최대한 수집하여 실제 업무에 어떻게 활용할 것인지를 계획하고, 계획대로 업무 수행에 이를 할당하는 능력

■ **자기 개발 능력**

업무를 추진하는데 스스로를 관리하고 개발하는 능력

■ **대인 관계 능력**

업무를 수행함에 있어 접촉하게 되는 사람들과 문제를 일으키지 않고 원만하게 지내는 능력

■ **직업 윤리 능력**

업무를 수행함에 있어 원만한 직업생활을 위해 필요한 태도, 매너, 올바른 직업관

역량 중심 교육과정이 잘 구현되려면 현재 우리 사회가 요구하는 역량에 맞추어 교육과정을 개발하여 운영해야 한다. 특히 학교 수준 교육과정에서는 학교 특성과 지역 사회의 요구 등에 맞추어 핵심 역량을 추출하고 이를 구현해야 한다.

역량 중심 교육과정과 교사의 역량

역량 중심 교육과정을 구현하려면 교사가 먼저 이러한 역량을 가지고 있어야 한다. 교사도 가지고 있지 않은 역량을 학생들에게 가르치기는 힘들기 때문이다. 그렇다면 과연 교사는 2015 교육과정에서 제시하고 있는 자기 관리 역량, 지식 정보 처리 역량, 창의적 사고 역량, 심미적 감성 역량, 의사소통 역량, 공동체 역량 등을 가지고 있는가? 본인의 교직 생활이 관료주의, 개인주의적 삶에 더 가깝지는 않

은가? 다양한 지식을 융합하기 보다는 자기 교과 지식 안에 갇혀있지 않은가? 문제 해결 방식에 있어 보수적이거나 관행적이지는 않은가? 인간을 단편적으로 이해하거나 문화적으로 빈곤하지는 않은가? 자신의 이야기만 일방적으로 하고 있지는 않은가? 공동체에 방관적이고 소극적으로 임하고 있지는 않은가? 이처럼 교사의 역량이 뒷받침되지 못한다면 역량 중심 교육과정에서 제시하고 있는 역량들도 구호에 그치게 될 것이다.

교육과정 개발 모델

어떠한 교육과정 개발 모델을 따르느냐에 따라 교육과정의 최종 결과물도 달라진다. 전제하는 지식관에 따라서도 선호하는 교육과정 개발 모델이 달라진다. 전통적 지식관은 합리적 개발 모형을 강조하고, 구성주의적 지식관, 역량 중심 지식관은 숙의적 개발 모형을 선호하곤 한다. 주요 모델은 다음과 같다.[16]

■ 타일러의 합리적 교육과정 개발 모델

교육과정 개발 모델의 전형적인 접근 방식으로, 목표 ⇒ 내용 ⇒ 방법 ⇒ 평가 ⇒ 피드백 구조로 교육과정을 개발하는 방식이다.

---

16) 박도순 외, 위의 책

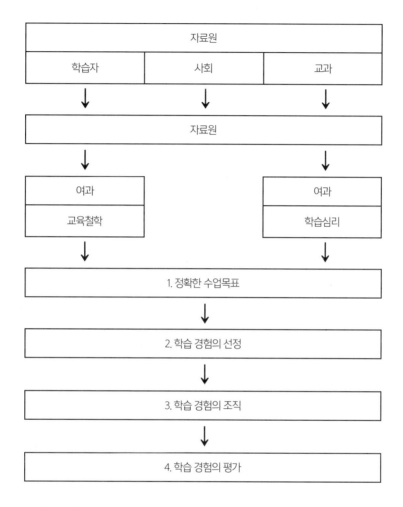

이 모델은 교육과정 개발 과정을 논리적으로 계열화하고, 교육과정 개발자의 과제를 단순화하여 접근했다. 제한된 자원 속에서 가장 효과적인 성과를 거두기 위한 기준을 제시했기에, 주로 국가 수준 및 지역 수준 교육과정 개발 과정에서 주로 사용되고 있다. 하지만 교육과정 개발 모델과 실제 개발 과정의 괴리가 발생할 수 있으며, 교육과정을 예술적으로 접근하는 데에는 한계를 드러낸다.

■ 워커의 숙의적 교육과정 개발 모델

합리적 교육과정 개발 모델이 연역적 접근이라면 숙의적 교육과정 개발 모델은 귀납적 접근이다. 교육과정의 목표가 아닌 교육과정 개발자의 철학과 지식, 경험을 바탕으로 접근하는 것이다. 실제 교육과정 개발은 숙의적 교육과정 개발 모델로 이루어진다고 볼 수 있다.

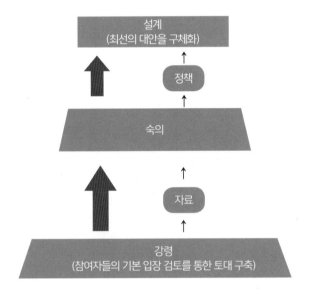

이 모델은 교육과정의 실제 개발 과정을 잘 묘사하고 있으며, 교육과정 개발자의 신념과 활동, 상호작용이 잘 나타나 있다. 개발 참여자들의 숙의 과정을 통해 서로의 이해 관계를 조정하고 설득해 교육과정을 만들어 가는 것이므로, 학교 수준 및 교사 수준 교육과정 개발 시 많이 활용되고 있다. 그러나 실제 교육과정 개발 과정에서는 목소리가 큰 사람이나 단체의 의견이 많이 반영될 수 있으며, 숙의 과정이

자칫 공청회 수준으로 전락할 위험이 있다.

■ 포워드(순방향) 교육과정 개발 모델과 백워드(역방향) 교육과정 개발 모델

백워드 교육과정 개발 모델은 포워드 교육과정 개발 모델의 순서를 바꾼 모델이다.[17]

< 포워드 교육과정 개발 모델 >

< 백워드 교육과정 개발 모델 >

백워드 교육과정 개발 모델의 단계를 좀 더 구체적으로 제시하면

17) 강현석 외(2016), "백워드 설계의 이론과 실천", 학지사

다음과 같다.

바라는 결과 확인하기	· 목표 설정 · 이해 및 핵심 질문(본질적 질문), 지식과 기능의 예상 결과

수용 가능한 증거 결정하기	· 평가 목표 및 과제, 수행 평가 과제 · 성취 기준 구체화(수행 평가 루브릭 등)

학습경험 계획하기	· 교수 학습 활동 경험 제시 · 교육과정 재구성 및 교수학습 활동 연계

이 모델은 기존 교육과정 개발 모델이 활동 중심 수업이나 지식 전달 중심의 수업으로 구현되는 경우가 많다는 것에 대한 반성에서 시작되었다.

이해 중심 교육과정

백워드 교육과정 개발 모델에 근거한 교육과정이 이해 중심 교육과정이다.[18] 여기서 말하는 '이해'는 기존의 개념과 다르다. 기존의 이해 개념은 블룸의 교육 목표 분류 체계학에서 말하는 이해 즉, 무엇을 아는 것, 다른 말로 지식을 표현할 수 있는 것이다. 그러나 이해 중심 교육과정에서 말하는 '이해'란 유의미한 추론으로서의 이해 즉, 적용,

---

18) 강현석 외, 위의책

분석, 종합, 평가를 통한 기능과 사실을 적절하게 처리하는 능력이다. 또한 전이 가능성으로의 이해 즉, 단순 회상을 넘어 지식과 기능을 다른 맥락에서 적용, 분석, 종합, 평가할 수 있는 능력을 말한다. 단순한 지식을 아는 것을 넘어 학생 자신의 지적인 흥분을 통해 큰 개념을 영속적으로 획득하는 것이 그것이다.

이해 중심 교육과정은 목표 성취를 위해 평가를 강조한 모형이라고 할 수 있다. 구체적인 평가 계획안을 미리 작성하여 제시하고 그에 맞는 수업을 진행하는 것이다. 또한 이해 중심 교육과정은 전이 가능성이 높은 핵심 아이디어에 초점을 둔 모형이다. 이는 브루너의 '지식의 구조' 개념에 영향을 받은 것으로, 핵심적인 아이디어, 개념, 원리, 태도에 초점을 맞추어, 이것이 다른 영역으로 전이가 잘 일어날 수 있도록 하는 것을 목적으로 한다. 이해 중심 교육과정은 학습자의 진정한 이해를 중시하며, 설명, 해석, 적용, 관점, 공감, 자기 지식을 포함한 핵심(본질적) 질문을 강조한다.

미국에서 이해 중심 교육과정은 학력 신장에 대한 사회적 요구로 인해 등장하게 되었다. 미국이 국제학업성취도비교평가(PISA) 하위권에 속하고, 중등 학생들의 학력 저하 현상이 나타나자 국가 차원에서의 학력 관리의 필요성이 대두되었고, 이에 학력 신장을 위한 질 관리 시스템을 추구하게 되었던 것이다. 미국의 백워드 교육과정 개발 모델과 이해 중심 교육과정은 우리나라의 2015 교육과정 개발에 많은 영향을 미쳤다.

이해 중심 교육과정은 내용과 방법 중심에서 목표와 평가 중심으로, 지식 전달에서 역량 중심으로, 재미 중심에서 탐구 중심으로, 진도 나가기에서 핵심 질문을 중심으로 깊이 있게 다루는 것으로, 가르쳐야 할 내용 목록에서 의도하는 학습 성과로 발전하는 것을 지향한다.

그러므로 우리나라에서도 이해 중심 교육과정은 학생들의 기초 학력을 다지고 국가 차원에서 학력 관리를 하려고 할 때 큰 도움이 될 것이다. 배움과 익힘은 상호 모순적 관계가 아니라 상호 보완적인 관계라는 것을 기억한다면 국가 차원에서 학력 관리 문제를 잘 풀어가기 위해 무엇보다 '필요한 것은 학력'에 대한 재정의와 합의이다. 학력이란 기존 지식을 많이 알고 기억하는 것인가, 아니면 학생들이 배움의 과정에서 행복을 느끼는 것인가, 삶의 문제를 해결할 수 있는 능력인가? 학력에 대한 정의에 따라 학력 관리 방식도 달라질 것이다.[19]

---

19) 보수 진영에서 소위 진보 교육이 학력 저하로 이어진다는 비판을 하자 진보 진영에서는 대안으로 '참 학력'을 제시하고 있다. 최근 일부 교육청에서는 기존 학력을 대신하는 개념으로 '참 학력'을 강조하고 있다. 이는 지식 위주의 학력을 넘어서 지식, 가치와 태도, 실천이 조화를 이루는 학력을 말한다.

6장.
진로 교육을 넘어 자유 학년제로!

6장. 진로 교육을 넘어 자유 학년제로!

자유 학년제란?

"치열한 경쟁 학습 문화에서 잠시 벗어나 자기 성찰과 미래 탐색의 시간을 갖는 것이 필요하지 않을까?"

"학생들이 다양한 체험 활동을 통해 자기가 원하는 것이 무엇이고 이를 위해 어떻게 살아가야 할지 고민하는 것이 필요하지 않을까?"

자유 학년제란 이러한 물음에 답하기 위해 시작한 제도이다. 일정 기간 동안 다양한 경험을 통해 자신의 진로에 대해 진지하게 고민하고 탐색할 수 있도록 교육 프로그램을 운영하는 것이다. 우리나라에서는 2016년에 '자유 학기제'라는 이름으로 중학교 교육과정에 전면 도입되었다.

우리나라의 자유 학년제(자유 학기제)란, '중학교에서 한 학기 또는 두 학기 동안 지식·경쟁 중심에서 벗어나 학생 참여형 수업과 이와 연계한 과정 중심 평가를 실시하며, 학생의 소질과 적성을 키울 수 있는 다양한 체험 활동을 운영하는 교육과정'을 말한다. (2018 교육부 자유 학년제 운영 가이드)

자유 학년제는 학생들이 자신의 적성과 미래에 대해 탐색하고 설계하는 경험을 통해 스스로 꿈과 끼를 찾고, 지속적으로 자신을 성찰하고 발전할 수 있는 기회를 제공하는 것을 목적으로 한다. 또한 이를 통해 지식과 경쟁 중심 교육에서 자기 주도 학습과 미래 지향적 역량(창의성, 인성, 사회성 등) 함양이 가능한 교육으로 전환함으로써, 학생·학부모·교직원 모두가 만족하는 행복 교육을 실현하고자 한다.

다른 나라의 자유 학년제 운영 사례

■ 아일랜드의 전환 학년제 (TY, Transition Year)

아일랜드의 전환 학년제는 학생들로 하여금 시험과 과제의 압박에서 벗어나 폭넓은 학습 활동을 할 수 있도록 하자는 취지로 1974년 리처드 버크 교육부 장관에 의해 도입되었다. 중학교 졸업 이후 고1 과정에서 희망자들이 시험의 압박 없이 다양한 진로 탐색 활동에 참여할 수 있도록 한 것이다. 전환 학년에서는 전통적인 교과 수업 뿐 아니라 프로젝트 등 다양한 활동 등을 할 수 있도록 운영했는데 이는 1994년 이후 더욱 활성화되었다.

■ 영국의 갭 이어(Gap Year)

영국의 갭 이어는 고교 졸업 후 대학 진학 전 1년 동안 학교를 쉬면서 다양한 활동, 교육, 체험을 할 수 있도록 하는 일종의 유예 기간이다. 공식 학사 과정이 아니라 정식 학년으로 인정되지는 않지만, 학생들은 이 기간에 봉사, 여행, 인턴 등의 활동을 하면서 삶을 돌아보고 진로를 설정하는 시간을 갖는다. 1960년대 도입된 이 제도는 이후 영연방 국가들을 중심으로 전 세계적으로 확산되었으며, 매년 약 3만 명의 영국 학생들이 자발적으로 참여하고 있다.

■ 덴마크의 에프터스콜레

덴마크의 학생들은 중학교 졸업 후 진로 탐색 기숙사 학교인 '에프터스콜레'에 들어가 1년 동안 자유롭게 공부하면서 진로를 탐색한 후 일반고나 직업고로 진학할 수 있다. 9년 과정의 의무 교육인 초 · 중등학교를 졸업하면 희망자에 한해 1년간 자유학교에 진학할 수 있도록 한 것이다. 이는 학생들에게 자신의 인생을 설계할 시간을 제도적으로 보장해 줌으로써 학업 부담 없이 자신의 재능을 찾을 기회를 주자는 취지로, 정식 학사 과정으로 인정된다. 교육과정은 학교별로 목공, 건축, 축구, 연극 등으로 다양하게 운영되며 학생들은 관심사에 따라 학교를 선택할 수 있다. 1815년에 도입된 애프터스콜레는 1967년부터 활성화되었으며 덴마크에서는 현재 260여개의 애프터스콜레가 운영되고 있다.

꿈과 끼를 찾아주는 진로 탐색 활동? 교육과정 질 제고를 통한 학교 교육 개선?

우리나라의 자유 학년제는 박근혜 정부의 대표적인 교육 공약 사업으로 도입되었다. 자유 학기제 시범 도입 당시(2013) 두 가지 핵심 방향은 진로 교육과 학교 교육 개선이었다.

원래 자유 학기제는 진로 교육에 방점을 두고 있었다. 하지만 입시 문제 등으로 인해 중1 과정에 도입되면서 진로 탐색 교육에는 한계를 드러낼 수밖에 없게 되었다. 발달 단계 특성상 진로를 결정하기도 쉽지 않고, 결정했다 하더라도 이후에 바뀌기가 쉽기 때문이다. 그래서 문재인 정부에서는 진로 교육보다는 학생의 흥미를 고려한 교육과정 혁신, 수업 혁신, 평가 혁신에 방점을 두고 운영하고 있다.

우리나라 학생들은 학업 성취도가 높은 데 비해, 삶의 만족도, 학업에 대한 흥미도, 자기 주도 학습 능력, 투자 시간 대비 효율성 등은 매우 낮다. 그래서 현재 자유 학년제는 학생 흥미를 고려하여 교육과정을 재구성하고 교사의 교육과정 기획력을 신장시키는 데 중점을 두고 있으며, 학생 활동 및 참여 중심 수업, 과정 중심 평가를 구현한 학교 및 교육 혁신을 강조하고 있다.

자유 학기제는 최근 자유 학년제, 연계 학기제 등으로 확장되고 있다. 운영 기간도 1학기에서 2학기로 늘어나고, 중2, 중3 과정에서도 자유 학기제 연계 프로그램이 운영되고 있다.

우리나라의 자유 학년제 운영 현황

우리나라의 자유 학년제는 크게 주제 선택 활동, 예술 체육 활동, 동아리 활동, 진로 탐색 활동으로 구성되어 있다.[20]

주제선택 활동	예술체육 활동
#학생의 흥미, 관심사를 반영한 여러 가지 전문 프로그램 운영으로 학습 동기 유발 (예시) 드라마와 사회, 3D프린터, 웹툰, 금융·경영 교육, 헌법, 법질서 교육, 인성 교육, 스마트폰 앱 등	#다양하고 내실있는 예술·체육 교육을 통해 학생들의 소질과 잠재력 계발 (예시) 연극, 뮤지컬, 오케스트라, 작사작곡, 벽화 그리기, 디자인, 축구, 농구, 스포츠리그 등

자유학기 활동
학생 중심의
다양한 체험 및
활동 운영

동아리 활동	진로탐색 활동
#학생들의 공통된 관심사를 기반으로 조직·운영함으로써 학생 자치 활성화 및 특기·적성 개발 (예시) 문예 토론, 라인댄스, 과학 실험, 천체관측, 사진, 동영상, 향토 예술 탐방등	#학생이 적성과 소질을 탐색하여 스스로 미래를 설계할 수 있도록 체계적인 진로교육 (예시) 진로적성검사, 초청하는강연, 포트폴리오 제작 활동, 현장 체험 활동, 직업 탐방, 모의 창업 등

---

20) 2018 교육부 자유학년제 운영 가이드 (http://www.ggoomggi.go.kr)

■ 주제 선택 활동

이 활동의 목적은 학생의 흥미와 관심을 반영한 체계적, 심층적 프로그램을 운영하여 학생들의 학습 동기를 유발하고 전문적 학습 기회를 제공하는 것이다.

◦ 교과 및 창의적 체험 활동 연계

교과와 연계한 프로젝트 수업, 창의적 체험 활동 중 자율 활동의 창의 주제 활동 등을 연계하여 운영하는 것이다. 주제 탐구, 소집단 공동 연구, 자유 연구, 프로젝트 학습 등을 강조하고 있다.

프로그램	연계 교과	담당	내용	비고
미디어와 함께하는 창작 교실	국어	교사	환경 신문 만들기, 문화개선 홍보물 제작 등	
드라마와 사회	도덕	교사	역할극을 통해 사회 들여다 보기	
융합 인재 교실	사회	교사	실생활 속 과학 융합 원리 탐구 실습	지역 장학회
ICT 활용과 체험 수학	수학 정보	교사 외부강사	ICT 활용 수학 원리 체험, 실습	교통대 강사
북트레일러	국어	사서	독서 기관 교과 융합 북트레일러 제작	학부모 독서 연구회 재원
손으로 그리는 마음	사회 범교과	교사 외부강사	수화 배우기	

◦ 범교과 주제 학습 활동

범교과 주제 학습 활동이란 교과 또는 직업 체험 활동 등을 연계하여 운영하는 것이다. 2015 개정 교육과정 총론에서는 범교과 학습 주제를 안전·건강 교육, 인성 교육, 진로 교육, 민주 시민 교육, 인권 교육, 다문화 교육, 통일 교육, 독도 교육, 경제·금융 교육, 환경·지속 발전 가능 교육 등 10개로 제시하고 있다

경기 송운중의 경우, 1학년 담임교사 전체가 행복 수업 TF팀을 구성해 행복 수업 전문가의 지원을 받아 학습 자료를 공동으로 개발하고, 돈과 행복, 사랑스러운 나 살피기, 내 친구 탐구 보고서, 모둠 협동 스케치 활동을 전개했다. 행복 수업이 낯선 교사들을 위해 지도안에 QR 코드를 넣어 활동 내용, 사진, 수업 동영상을 공유했고, 17주 34시간으로 운영했다.

■ **예술 체육 활동**

예술 체육 활동의 기본 취지는 다양한 문화·예술·체육 활동의 기회를 제공하여 경쟁 교육 대신 소질과 잠재력을 이끌어 내는 교육을 실시하는 것이다. 충북 매괴중의 경우, 음악, 미술, 체육을 연계하여 '아름다운 예술로 마음을 다스리며 지내는 오늘'이라는 이름으로 미술 시간에 가면 만들기, 음악 시간에 젬버 악기 연주, 체육 시간에 탈춤, 부채춤 등 다양한 창작무를 만드는 과정을 운영했다.

■ **동아리 활동**

동아리 활동의 목적은 학생 간 공통의 관심사를 기반으로 학생의 자율성을 최대한 보장하고, 자치 능력 및 문제 해결력을 기르는 것이다. 학생들 스스로 희망에 따라 참여하도록 하고 교내 자율 동아리 및

무학년 동아리 활동, 교과 및 학교 스포츠클럽 활동 등 기존 교육과정과도 연계하는 것을 목적으로 한다. 다양한 자원과 연계될 수 있도록 메이커 교육 연계, 창의적 아이디어 개발 및 창업 관심 동아리 활동 지원 등 관련 사업을 적극 활용 한다. 또한 학생 동아리 한마당, 지역 진로 체험 페스티벌 등 학교 간 동아리 연계를 통한 활동 결과를 발표하고 공유하도록 한다.

■ 진로 탐색 활동

진로 탐색 활동의 목적은 학생들이 자신의 소질과 적성을 탐색하여 스스로 미래를 설계할 수 있도록 하는 것이다. 이를 위해 진로 학습, 진로 상담 · 검사, 진로 체험, 진로 포트폴리오 활동 등을 하며 진로와 직업 (선택 교과), 학교 진로 교육 프로그램 (SC+EP), 교과 통합 진로 교육을 통해 능동적 자기 주도적 학습의 기회를 제공하고 있다. 학생의 수요를 반영한 다양한 진로 체험 활동 또한 제공하고 있다.

< 자유 학년제 운영 시간표 예시 >

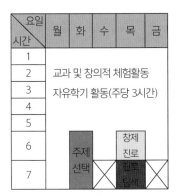

▶ 한 학기에 4가지 활동을 모두 운영   ▶ 한 학기에 4가지 활동을 모두 운영

성장과 발달을 중시하는 과정 중심 평가

자유 학년제에서는 총괄식 지필 평가 대신 과정 중심 평가를 실시한다. 학생의 학습 진행 상황을 확인하고 학생 지도에 활용할 수 있도록 수업과 연계한 평가를 실시하는 것이다. 교과 수업은 이수 여부를 'P'로 입력하고 개별 학생의 성취 수준 및 성장과 발달에 관한 사항은 생활기록부에 문장으로 기록하며 자유 학기 활동 역시 마찬가지이다. 과정 중심 평가에서는 학습 과정에 대한 피드백을 강조함으로써, 학생들이 스스로 학습 상태를 점검하고 다음 학습을 준비할 수 있도록 돕는다.

자유 학년제 운영 시 문제점 및 유의 사항

중학교 자유 학년제 시행 초기에는 일부 학부모들이 학력 저하에 대한 우려를 했었다. 하지만 현재는 어느 정도 정착된 상태이다. '나만의 레시피를 개발하는 요리 수업'(대전 용운중), '친구들과 농구 대회 수업'(동해 삼육중), '코딩을 배워 드론을 날리는 수업'(부산 중암중) 등 우수 학교 사례들도 많이 있다.

하지만 운영 과정에 있어서 일부 교사들의 준비 부족, 체험 학습을 할 수 있는 인프라 부족, 지역 간 격차 발생, 다른 학기와의 연계성 문제 등의 현실적인 문제점들이 발생하고 있어 보완이 필요하다.

성공적인 자유 학년제를 운영하기 위해서는 다음 사항에 유의해야 한다.

　첫째, 학생들의 학습 흥미를 고려한 프로그램을 구성해야 한다. 둘째, 중2, 중3 일반 학기와 연계하여 운영해야 한다. 셋째, 학생 참여형 수업과 과정 중심 평가, 학생생활기록부 기록이 하나가 되도록 운영해야 한다. 자유 학년제 수업은 오후 블록 타임제로 운영하되, 프로젝트 수업, 협동 학습, 실험 실습 활동 등 학생 참여적 교수 전략을 활용하고, 과정 중심 평가의 결과를 잘 정리해 학생생활기록부에 기록해야 한다. 넷째, 교사 역량 강화 연수나 실천 사례를 공유함으로써 내실 있게 운영하도록 하며, 자유 학년제 운영에 따른 교원 행정 업무도 경감하는 노력이 필요하다.

고교 자유 학년제 학교 운동

　현재 자유 학년제는 진로 교육보다는 학교 교육력 제고에 초점을 맞추어 진행되고 있다. 그래서 기존 평가 체제에서 벗어나 보다 교육과정을 재구성하여 다양한 교육 활동을 전개하는 방향으로 추진되고 있다. 자유 학년제는 학생들에게는 다양한 활동과 진로 탐색을 할 수 있는 기회가 되고, 교사에게는 교사의 교육과정 기획력을 신장시킬 수 있는 기회가 된다. 하지만 현재의 중1 중심의 자유 학년제는 진로 교육 측면에서 한계가 있으므로 점차 확대될 필요가 있다.

　실험학교 형태로 고교 자유 학년제를 운영하고 있는 학교도 있다.

서울시 교육청에서 '오딧세이 학교'가 그 중 하나이다.[21] 오딧세이 학교(odyssey.hs.kr)는 고1 학생들이 창의적이고 자율적인 교육과정을 통해 삶의 의미와 방향을 찾도록 돕는 1년의 전환 학년 (Transition Year) 과정을 운영한다. 현재 프로젝트 학습, 인턴쉽 과정, 인문학 수업, 다양한 체험 활동을 진행하고 있다. 일부 교육 시민 단체에서도 고교 자유 학년제 실험학교들을 운영하고 있다. 아무쪼록 실험 수준을 넘어 더 많은 고교 자유 학년제 학교들이 생기기를 바란다.

---

21) 학교 이름을 '오딧세이' 라고정한 이유는 그리스 신화에서 온갖 위협과 유혹을 물리치며 난파와 표류의 고비를 넘기고 고향으로 돌아온 영웅 오디세우스처럼, 새로운 도전과 경험을 통해 삶의 의미와 방향을 찾아가는 교육원정대가 되길 바라는 마음에서 이다. 대구시교육청에서 운영하고 있는 '참자람교실'도 서울시교육청의 오딧세이 학교를 참고하였다.

7장.
학점제와 디플로마로
학생 맞춤형 교육과정을 기획하다.

7장. 학점제와 디플로마로 학생 맞춤형 교육과정을 기획하다.

과연 한국에서 고교 학점제가 가능할까?

"한국 교육 시스템 자체가 학점제를 시행할 수 있는 여건이 아니에요. 기존 학교 시스템과 대입 방식을 바꾸지 않는 한 불가능하죠."

"학점제를 시행하려면 교과 교실제를 전면 시행하고 다양한 교사 품도 마련해야 하고 직업 전문학교도 다양화해야 할 텐데 그러려면 엄청난 예산이 필요하지 않나요?"

"학점제의 취지를 살리려면 학생부 종합 전형이 확대되어야 하는데 이는 학부모와 학생들의 거센 저항을 받게 될 것입니다. 고로 비현실적입니다."

교육부에서 2022년에 고교 학점제를 도입하겠다고 발표했다. 하지만 많은 사람들은 고교 학점제를 도입하면 학교 현장에 혼란이 가중될 거라며 우려하고 있다. 물론 이러한 우려와 비판은 일면 타당하다. 하지만 미래 사회를 대비하기에 현재의 고교 교육과정 운영 방식이 한계가 있다는 사실은 누구나 인정할 것이다. 그렇다면 고교 학점제는 왜 해야만 하는가?

고교 학점제, 왜 해야만 하는가?

고교 학점제가 필요한 이유는 다음과 같이 정리할 수 있다.

첫째, 미래 사회의 변화에 따라 교육과정 운영 방식도 변해야 하기 때문이다. 4차 산업혁명 시대에는 단순한 지식이나 기술이 아닌 새로운 가치를 창출할 수 있는 문제 해결력, 창의성, 융합적 사고력 등이 중요하다. 이러한 역량을 키우기 위해서는 학생들의 필요에 따라 강의를 선택하게 할 수 있는 학점제 시스템이 필요하다.

둘째, 학생 수가 감소되면서 개별화된 교육과정이 가능해졌기 때문이다. 2022년까지 고교 학생 수는 31%가 급감된다.(2016년 175만명 → 2022년 122만명) 우리는 교육 여건의 개선의 기회를 삼아 개별 학습자의 필요와 흥미에 맞는 수업을 개설하여 운영해야 한다. 그래서 공부를 잘하는 학생이나 못하는 학생 모두가 수업에 즐겁게 참여할 수 있도록 해야 한다.

셋째, 현재 한국 교육 구조는 대변혁이 필요하기 때문이다. 입시 중심의 수업, 상대평가로 인한 과도한 경쟁, 지나치게 사교육에 의존하는 학생들로 인해 비정상적으로 운영되는 학교 교육과정을 바꾸기 위해서는 학점제와 같은 새로운 방식이 도입되어야 한다.

고교 학점제란?

고교 학점제는 '진로에 따라 다양한 과목을 선택, 이수하고, 누적 학점이 기준에 도달할 경우 졸업을 인정하는 교육과정 이수, 운영 제도'이다. 쉽게 말해 고등학교 교육과정을 대학처럼 운영하는 것이다.

대학생들과 달리 고등학생들은 전공과 진로가 정해져 있지 않다. 따라서 고교 학점제를 운영하기 위해서는 진로 코칭 과정이 선행되어야 하며, 다양한 과목들을 개설하고 학생에게 실질적 과목 선택권을 보장해 주어야 한다. 또한 학점제를 뒷받침하는 교육과정, 평가제도, 졸업제도 등도 함께 구현되어야 한다.

학점제는 학생들이 자신의 진로 선택과 학습 경로의 주체가 된다는 점에서 미래 사회를 대비하는 교육과정 운영 방식이라 할 수 있다. 최근 세계 주요 국가들은 그동안 교육부와 학자들이 주도하던 교육과정 관련 정책 결정에 학생을 적극 참여시키려하고 있다. 핀란드는 금년부터 국가 교육 위원회에 학생 대표를 파견하고 있으며, 앨버타 주는 교육의 변혁을 위해 학생의 의견을 듣는 제도를 매우 촘촘하게 구현하고 있다. <Speak Out Online, Speak Out Forum, Speak Out Conference, 교육부 장관과 학생 대표 간의 연 3회 교육 협의>가 좋은 사례이다.

이러한 학생 중심 교육은 미래 교육을 전망하는 모든 보고서에서 기술되어 있으며, 여기에서 상정하는 학생상은 아담 플랫쳐가 기술한 학생상과 유사하다.

고교 학점제는 단순한 물리적 제도의 변화를 뜻하지 않는다. 고교 학점제는 '학생은 자신의 삶을 주도할 수 있는 인간으로, 기획하고 의사 결정하며 가르칠 수 있는 교사의 파트너이자 동반자'라는 패러다임의 전환을 의미한다.

- 기획자로서의 학생 (students as planners)
- 가르치는 사람으로서의 학생 (students as teachers)
- 교사 전문성 계발의 파트너로서의 학생
  (students as professional development partners)
- 의사 결정자로서의 학생 (students as decision-makers)
- 변화를 위한 작업의 동반자로의 학생 (working With not For students
  (출처: The Architecture of Ownership, Adam Fletcher, 2008)

고교 학점제, 시동을 걸다.

현재 고교 학점제는 특목고, 일부 자사고, 국제 학교, 연구학교로 지정된 일부 일반 고등학교에서 실시하고 있다. 또한 지역별 공동 교육과정 (교육과정 클러스터), 캠퍼스형 고등학교 모델 (세종, 광명), 거버넌스 구축형 (부천 교육과정 특성화 시범 지구 교과 중점 학교 일반고 23개 전부 운영) 등의 시도가 의미 있게 진행되고 있다. 최근 6개 교육청에서는 물리적 거리의 한계를 극복하고자 '교실온닷'이라는, 쌍방향 실시간 화상 수업이 가능한 온라인 공동 교육과정을 운영하고 있다.

이외에도 주문형 강좌 (소인수 학급 개설 교과), 선택 과목 개방제 (자유 수강제), 마을 공동체에서 학습한 경험을 학점으로 인정하는 형태로 교육과정을 다양화 하는 모델을 고민 중이다. 현재 교육과정 평가원, 직능원, 한국 교육 개발원에서는 고교 학점제를 구현하기 위한 교원 수급, 시설 변화, 2015 개정 교육과정 부분 혹은 전면 개정, 교사별 평가, 내신 절대 평가 등 기반 조성을 위한 정책 연구를 진행하고 있다.

고교 학점제 연구학교는 2017년 11월 이후 시도 교육청의 별도 지정 절차를 거쳐 총 54개교(일반계고 31교, 직업계고 23교)가 선정되었고, 2018년 2월에는 도교육청에서 모집한 선도 학교 명단도 확정되었다. 이후 연구학교 핵심 교원을 위한 연수, 고교 학점제 우수 운영 학교 방문, 수강 신청 시스템 개발 관련 회의, 고교 학점제 컨설팅 계획과 워크숍도 진행되었다.

연구학교는 '학점제 도입을 위한 교육과정 및 학교 운영 방안 연구'라는 주제로, 단위 학교에서 학생의 과목 선택권 확대에 중점을 둔 '학생 선택형 교육과정'을 운영해야 한다. 이를 위해 수강 신청제를 도입해 학생의 흥미, 적성을 고려한 진로 탐색 및 자기 주도적 학업 설계를 지원하고, 다양한 교육과정을 편성, 운영하는 것을 최우선 과제로 두고 있다. 또한 개별 학생의 기초 학력 보장을 위해 성취 기준에 미달한 학생에 대한 학업 보충 기회를 제공하고, 공강 시간 관리 체제를 마련하며 학교 문화를 개선하는 것도 중요한 과제라 할 수 있다.

교육부 및 시도 교육청은 인력 및 재정 지원을 강화하고, 수강 신청 시스템, 시간표 작성 프로그램, 2015 개정 교육과정에 따른 과목 안내서, 연구학교 운영 메뉴얼 등 관련 시스템도 개발, 보급할 예정이다.

2018년 현재 교과 교사 1명 이상 증원, 학교 당 4,000만원 내외의 재정 지원, 공동 교육 과정 운영 지원, 고교 학점제 지원 센터를 통한 컨설팅 제공, 수강 신청 시스템 및 시간표 작성 프로그램 개발 보급, 연구학교 운영 메뉴얼 개발 보급, 필요 시설 조사 및 별도 지원 등을 실시하고 있다.

고교 학점제의 거대한 벽들과 가능성

고교 학점제를 구현하는 과정에서 여러 문제점들이 생길 수 있다. 교육과정 운영의 안정성과 선택 교과 교사들의 인사 문제, 시설 개선 문제, 다양한 교과를 가르칠 수 있는 교사들의 자질 문제, 예산 문제, 현행 수능 체제와의 충돌 등이 그것이다. 현재 이러한 문제점들을 극복하기 위해 다양한 논의가 이루어지고 있다.[22]

가. 다양한 과목을 개설하기 위해 강사를 충원해야 하는가?

☞ 강사를 충원해야 한다.

> · 다양한 선택 과목 개설에 대한 기존 교사의 반발
> · 경직된 전공 교사제로 학생의 다양한 교과목 개설 요구 수용이 어려움
> · 정교사의 수업 시수로 소수의 신청 과목을 감당하는 것은 한계가 있음
> · 행정 업무 부담으로 교사가 다양한 과목을 개설하는 것이 어려움
> · 교육의 질을 높이기 위해서는 교사의 절대수가 많아져야 함

☞ 강사 충원이 반드시 필요한 것은 아니다.

---

22) 김성천 외(2019), "고교 학점제란 무엇인가?" 맘에드림

- 교사 당 학생 수가 감소하게 되므로 교사의 충원 없이도 가능함
- 단, 교사 개인의 전공과 과목 개설을 늘려가는 방식이 필요함
- 각 학교에서 개설하기 힘든 과목들은 클러스터를 활용한 공동 교육과정이나, 거점 학교의 방식을 활용할 수 있음
- 스마트 교육 환경이 개선됨에 따라 온라인 방식의 다양한 화상 수업이 가능함
- 교사들의 행정 업무를 최소화한다면 정규 교사로 운영 가능함

나. 교실 수 확보 등 공간 개선이 필요한가?

☞ 공간 개선이 필요하다.

- 다양한 규모의 수업을 할 수 있는 교실을 확보하기 위한 공간 개선 필요함
- 홈 베이스, 공강 시간 활용을 위한 공간이 필요함
- 학생의 선택권은 확보되는 교실 수와 교사 수와 연계됨

☞ 공간 개선이 필요하지 않다.

- 학령인구 감소로 현재 학교 공간에서도 운영 가능함
- 도서관과 교과 교실, 빈 교실을 활용하면 가능함
- 시간표 편성을 효율적으로 하면 가능함

다. 대학교, 직업 교육 기관, 예술 교육 기관 등 다양한 교육 기관들과의 협력이 필요한가?

☞ 다양한 기관들과의 협력이 필요하다.

- 현실적으로 단위 학교에서 희망에 따른 모든 과목을 개설하기 어려움
- 학업 관련은 대학 교육 기관, 진로는 직업 교육 기관, 교육 공동체 구현은 마을 공동체 등과 연대하여 내실 있는 교육과정 개발이 가능함
- 대학과의 협력을 통해 고교-대학 연계 입학 전형, 지역 인재 전형 등을 확대할 필요가 있음
- 교원이나 시설 부족 문제 해소를 위해 필요함

라. 온라인 기반 수업 환경을 조성할 필요가 있는가?

☞ 온라인 기반 수업 환경 조성이 필요하다.

- 온라인과 오프라인의 시공간이 유비쿼터스 환경을 통해 융복합되는 것이 미래 교육과정의 기반이므로 필요함
- 학생들의 과목 선택권과 교사와 시설 부족 문제를 해결할 대안임
- 클러스터 형태의 타 교육 기관 연계에는 시공간적 어려움이 있음
- 교사의 수업 시수 부담이 줄어 들 수 있음
- 지역 간 격차 해소에 도움이 됨

마. 고교 내신 절대 평가 (= 성취 평가)가 반드시 선행되어야 하는가?

☞ 절대 평가가 선행되어야 한다.

- 학생의 소인수 교과 선택권 보장을 위해 필요함
- 상대 평가 시 고교 학점제 시행 의미가 퇴색됨
- 공동 교육과정 운영에서 상대평가를 하면 문제가 발생될 수 있음
- 상대평가로 하면 연구 선도학교의 학생이 불이익을 받음
- 학생의 전인적 성장을 위해 필요함
- 공교육 정상화를 위해 필요함

바. 고교 내신 교사별 평가가 반드시 선행되어야 하는가?

☞ 교사별 평가가 선행되어야 한다.

- 고교 학점제의 시행 취지를 살리기 위해 필요함
- 학점제 하에서는 학년별 평가가 불가능함
- 교사가 과목 개설권, 수업의 주체성을 갖기 위해 필요함
- 학생 과목 선택권 보장을 위한 교육과정 다양화를 위해 필요함
- 학생에게 성실한 수업 참여의 책임을 물어야 수업의 안정적 운영이 가능함

사. 재이수(F)와 유급 제도를 도입해야 하는가?

☞ 재이수와 유급 제도를 도입해야 한다.

> · 학생에게 성실한 수업 참여의 책임을 물어야 수업의 안정적 운영이 가능함
> · 학년과 학교 진급을 자동으로 했던 학년제 및 단위제의 폐해를 보완하기
>   위함
> · 교육과정의 난이도나 분량이 적정화될 수 있음
> · 고교학점제 시행 취지를 살리기 위해 필요함

시스템의 한계에도 불구하고 현재 학생 선택형 교육과정을 운영하는 학교들을 보면, 학교장을 비롯한 구성원들의 노력과 의지가 강했고, 학생, 학부모의 교육과정 만족도가 상당히 높았으며 이것이 교원의 보람으로 작동하는 선순환의 구조를 이루고 있었다. 따라서 고교학점제 운영에 있어 본질적인 부분은 운영 주체의 의지와 합의 여부이다. 고교 학점제를 운영하기 위해서는 하향식(Top-down) 의사 결정 구조, 교원의 의지와 합의 부재, 교사의 자율성과 전문성의 부재, 학생들의 자기 주도성과 실천 역량 부족이 개선되어야 할 것이다.

진학 중심 디플로마 제도를 운영하는 충남 삼성고 이야기

삼성고는 'Not just for University, beyond University'라는 슬로건 아래 2014년 개교했다. 삼성고는 학교 기초 생활 훈련인 '기적의 용광로' 과정을 기숙사에서 66일 동안 진행하고, 과정이 끝날 때는 상호 존중의 의미로서 세족식을 진행한다. 또한 학생마다 인트라넷으로 연계

되는 PAD를 제공하여 거꾸로 수업과 상호 질의문답, 컨설팅 신청, 보건실 신청, 이동 수업에 활용하는 스마트 학습 관리 시스템을 구현하고 있다. 아울러 교사 논문 대회를 통해 교사 전문성을 신장시키고, 인문동(국어/외국어), 이과동(과학/수학), 행정동(예체능/회화/공학), 특별동(사회/교양) 등으로 교사 그룹을 구성해 다양한 과목 개설을 연구하도록 학과별 교무실(교과 연구실)을 운영하고 있다.

■ 학생 개별 시간표 구현을 위한 5단위제

삼성고는 수업을 100분으로 운영하며, 전 교과를 5단위로 편성(일부 과목의 경우 두 과목을 합쳐서 2+3, 4+1 등의 단위로 묶음 운영)하고 있다. 5단위 편성은 운영 입장에선 부담스러운 측면이 있지만 운영의 효율이 높다고 한다. 수업 당 학생 수는 10~25명으로, 선생님 1명이 한 과목의 5단위를 모두 책임지는 구조이다.

■ 진로에 따른 학생 선택 교육과정

삼성고는 학생이 듣고 싶은 과목을 듣게 하고, 학생과 대화하는 방식으로 수업을 구성한다. 2014년 개교 당시 '학생 선택 진로별 교육과정'을 구축하고 교사 수급과 시설 등의 인프라를 모두 디자인했다. 전 과목 무학년제로 학생이 공통 선택, 계열 선택, 전공 선택, 자율 선택 등 규정된 단위 수에 맞춰 과목을 선택하여 각자 다른 시간표를 갖는다. 놀라운 것은 코딩 개념을 도입하여 재학생 천 명의 시간표에 공강이 없도록 구성했다는 것이다.

■ 3계열 8과정 그리고 디플로마

　삼성고의 교육과정은 '타깃형 교육과정'이다. 3계열과 8과정 중 자신만의 특정 계열과 과정을 선택하는 것이다.

자연 공학 계열	(1) 자연 과학 과정 (2) 생명 과학 과정 (3) 공학 과정 (4) IT 과정
인문 사회 계열	(5) 국제 인문 과정 (6) 사회 과학 과정 (7) 경제 경영 과정
예술 체육 계열	(8) 예술 체육 과정

　각 과정별로 설치된 과목들 중 4과목(20단위)을 선택할 수 있다.

(1) 자연 과학 과정 : 수리 논리학, 고급 수학 1,2, 고급 물리, 물리 실험, 과학사 및 과학 철학, 고급 화학, 화학 실험, 환경 과학, 과제 연구

(2) 공학 과정 : 공학 기술, 과제 연구, 고급 물리, 고급 수학 1, 로봇 제작, 전자 회로, 제품 디자인

(3) IT 과정 : 정보 과학, 과제 연구, 고급 물리, 고급 수학 1, 정보 통신, 자료 구조, 디지털 논리 구조

(4) 생명 과학 과정 : 과학, 생명 과학 실험, 고급 생명 과학, 과제 연구, 고급 수학 1, 가정 과학, 농업 생명 과학, 식품과 영양

(5) 국제 인문 과정 : 고전 문학, 영어 토론, 심화 영어 회화 2, 중국어 2, 일본어 2, 중국어 작문, 세계사, 국제 정치, 국제법, 국제 관계와 국제 기구, 사회 과학 방법론, 현대 문학 감상, 교육학, 논술, 논리학

(6) 사회 과학 과정 : 법과 정치, 세계사, 동아시아사, 국제 정치, 국
제법, 국제 관계와 국제 기구, 한국의 사회와 문화, 비교 문화, 세
계 문제, 사회 과학 방법론, 논술

(7) 경제 경영 과정 : 국제 경제, 사회 과학 방법론, 경제 경영 수학,
경영 일반, 실용 경제, 논술, 논리학, 마케팅과 광고, 글로벌 경영

(8) 예술 체육 과정 : 체육 (전공 실기, 단체 운동, 체력 운동, 스포츠
경기 체력), 음악 (음악 이론, 합창·합주, 시창·청음, 공연 실습),
미술 (드로잉, 입체 조형, 평면 조형), 예술 (영화 창작과 표현, 영
화 감상과 비평)

삼성고는 기준에 충족한 학생들에게 학교 자체 디플로마 (특정 과
정이나 학위를 마쳤을 때 주는 증서)를 수여한다. 디플로마를 받으려
면 공통 과목 48단위, 계열 선택 82단위, 자유 선택 30단위, 과정 선택
20단위를 이수하고 자신의 진로와 관련된 논문 또는 창작물을 제출
해야 한다.

□ 공통 과목 (48단위) : 한국사, 경제, 생활 교양, 예술 체육, 물리,
화학, 생명 과학

□ 계열 선택 (82단위) : 자연 공학 (국어, 수학, 영어, 과학), 인문 사
회 (국어, 수학, 영어, 사회), 예술 체육 (국어, 수학, 영어, 수학·과
학·사회·예술·체육 중 선택)

□ 과정 선택 (20단위) : 자연 과학 과정, 생명 과학 과정, 공학 과
정, IT 과정, 국제 인문 과정, 사회 과학 과정, 경제 경영 과정, 예

술 체육 과정

☐ 자유 선택 (30단위) : 계열 선택, 과정 선택에서 개설된 5단위 과
목 중 6과목 선택

☐ 논문 또는 창작물

또한 기존 디플로마 외에 추가로 디플로마를 개설해 희망에 따라
특색 있게 디플로마를 이수할 수 있도록 했다.

☐ CNSA 디플로마 : 기본적인 디플로마로, 공통 과목 48단위, 계열
선택 82단위, 자유 선택 30단위, 과정 선택 20단위를 이수한
경우

☐ 융합 디플로마 : 학생이 선택한 디플로마 외에 다른 과정을 추가
로 신청한 경우

☐ 고급 디플로마 : 개설된 교과 중 가장 심화된 과목을 이수하여
학업 우수성을 드러내고 싶은 경우

☐ 이중 언어 디플로마 : 외국어로 진행되는 과목을 이수해 외국어
수강 능력을 드러내고 싶은 경우

■ 학점제를 위한 공간 구현

삼성고는 설계 과정에서부터 공사 담당자, 설계 담당자, 교사들이
긴밀하게 협의하며 교육 과정에 맞게 건물을 설계했다. 교과 교실제
를 기본으로 계열별로 교과 클러스터를 구축해 특별 교과동, 행정동,

자연 과학동, 인문 예술동으로 건물을 구분해 활용했다. 교사들은 교사별 교실을 관리하고, 6~8명 단위의 동 교과 교사들과 행정 업무를 보조하는 학과 조교 1명과 함께 교과 연구실에서 생활한다. 학생의 동선을 최소화하기 위해 중앙에 홈베이스를 설치했으며, 교육과정 개발 센터를 중심으로 도서관을 운영하고 있다.

■ 학점제를 구현하기 위한 스마트 환경

삼성고는 교실을 스마트 환경으로 구축하고, 스마트형 TAP을 전교생에 배부, 학습에 활용하게 한다. 선생님의 자료를 학생이 바로 받고, 수업 시간에 만든 학생 자료는 선생님에게 바로 전송되는 식이다.

■ 학점제 전체의 플랫폼이 되는 교육과정 센터

삼성고는 교육과정 중심으로 업무 부서를 재편하고 학과별 교무실을 구현했다. 또한 교육과정 개발 센터를 설치하고, 학과장(교과군 대표)이 각 디플로마별 책임자가 되어 학과 교사가 함께 근무하면서 수시로 교육과정 운영에 대해 협의하고 있다.

미래 역량과 코칭 중심의 충남 별무리고등학교

산길을 한참 차로 오른 후에 만나게 되는 별처럼 예쁜 동네 꼭대기에 위치한 별무리 고등학교. 그 길에는 아기자기 예쁜 유럽풍의 집들이 이어져 있다. 인근 공립학교 교사들과 별무리고 교사들이 직접 꾸

미고 생활하는 집들이다. 교사들이 거주하는 집들 사이에 학생들이 거주하는 기숙사와 학교 건물들, 새로 지어지고 있는 도서관 등이 자리 잡고 있다. 별무리 고교는 교사들 중심으로 형성된 마을이 학교를 둘러싸고 있는, 말 그대로 '마을 교육 공동체'이다.

■ 개인 맞춤형 교육과정

별무리 고교에서는 학기 초마다 학생들이 수강신청을 하는 풍경이 펼쳐진다. '맞춤형 교육과정' 때문이다. 맞춤형 교육과정이란 학생의 수준, 학습 방식, 진로에 따라 학생들이 자신에게 맞는 과목을 직접 선택하거나 설계할 수 있는 교육과정이다. 이 교육과정을 통해 학생들은 타고난 재능을 계발하는 데 필요한 다양한 경험을 제공받고 학습의 계획, 실행, 평가의 과정에 능동적으로 참여한다. 이러한 맞춤형 교육과정은 고등과정 개설 2년 차인 2016년, 대입 중심의 획일화된 기존 교육 시스템의 폐해를 극복하기 위해 도입되었다.

맞춤형 교육과정의 핵심은 '쿼터 학점제'(1년 4학기제)이다. 쿼터 학점제는 1쿼터 당 8주의 학습실행 기간과 1주의 평가 기간을 합해 총 9주로 이루어진다. 학생은 학교가 지정한 필수 학점 (6학점)외에 17학점을 추가로 선택해 신청한다. 1차로는 교사가 개설해 놓은 강의의 계획서를 검토한 후 신청하고, 자신에게 적합한 강의가 없을 경우 개인 혹은 그룹으로 8주차의 학습 계획서를 작성해 자기 주도 개설 강의를 만들 수 있다.

학생은 정해진 규정과 시기에 따라 필수 학점과 선택 학점, 졸업 요건을 위한 종합 프로젝트를 이수한다. 쿼터 당 최소 이수 학점은 필수 6학점, 선택 17학점이며, 선택 학점은 20학점 이상 신청할 경우 어드바이저와 협의하여 적정성을 검토 받은 후 신청한다. 다만 10학년 학생은 국어, 영어, 수학, 사회, 과학, 한국사, 음악, 미술, 체육, 정보 미디어, 농업, 기업가 정신, BGA 이렇게 13개 과목 총 26학점을 교과 필수로 이수해야 한다.

필수 학점은 쿼터별 6학점씩 100% 이수해야 하며, 상황에 따라 교사가 인정하는 대체 과제 및 활동으로 과목 이수를 인정받을 수 있다. 선택 학점은 교사가 개설해 놓은 다양한 교과 뿐 아니라 학생이 개설하는 스터디 그룹, 온라인 학습, 오프라인 학습, 프로젝트 학습, 개별 학습 등 다양한 형태로 신청 가능하며, 학습 성취의 효과를 고려하여 멘토와 어드바이저에 의해 수정될 수 있다. 학생은 쿼터별로 학습 결과에 대한 종합 발표회 및 멘토 평가, 어드바이저 평가, 자기 평가를 바탕으로 이수 여부를 평가받는다.

■ 학생 지원 시스템

별무리고는 맞춤형 교육과정을 뒷받침할 수 있는 온라인과 오프라인 학생 지원 시스템을 운영 중이다.

온라인 학생 지원은 자체 개발한 온라인 학습 관리 시스템 (BLMS)으로 이루어진다. BMLS는 수강 신청, 시간표 작성 및 출력, 교육 계획서 작성, 시공간의 충돌 예방, 인적 자원의 분배, 학생의 시간표 관리, 출석 관리, 학사 정보 공유 등의 다양한 기능을 제공하고 있다.

오프라인 학생 지원은 어드바이저 및 멘토링 제도로 이루어진다. 어드바이저 제도는 교사 한 명당 7~8명의 학생을 맡아 학습의 설계, 실행, 평가 단계에서 검토, 조언해 주며 방향을 잡아주는 제도이다. 어드바이저 제도의 원칙은 '한 번에 한 아이씩', '학생에게 더 가까이', '사우동행 (師友同行)'이다. 어드바이저들은 다른 어드바이저들과 협력해 한 학생의 문제를 함께 연구하고 해결해 간다. 멘토링 제도는 학생들이 교과 교사 뿐 아니라 영역별 학교 밖 전문가들을 만나 도움을 받을 수 있도록 하는 제도이다.

맞춤형 교육과정은 다양하고 유연하게 이루어지고 있다. 제빵사를 꿈꾸는 학생은 금산에 소재한 제과점에서 매주 4시간씩 제빵 실습을 했고, 한옥 건축에 관심이 있는 학생은 청도 한옥 학교에서 한옥 건축 전문 과정을 이수하고 있다. 미술과 국제 개발 협력에 관심 있는 학생들은 금산 다문화 센터와 협력해 다문화 가정을 위한 동화책 제작 프로젝트를 진행하고 있다. 그 밖에도 매 쿼터마다 100여 개의 교사 주도 개설 수업과 200여 개의 학생 주도 개설 수업이 진행 중이다.

■ 온라인 학습 관리 시스템 (BLMS)과 구글 교육 생태계를 활용한 U러닝

별무리 고교에서는 구글 교육 생태계를 적극 활용한다. 240명이 넘는 학생들이 크롬북을 휴대하며 많은 작업이 구글에 기반해 이루어진다. 구글 클래스룸을 통해 수업 관리와 플립 러닝이 운영되고, 다양한 코딩 수업과 메이커 작업, 공동 PT 작업, 설문 조사, NEIS를 뛰어

넘는 학생생활기록부 시스템이 운영되고 있다.

광역 와이파이가 고등 건물 전체에 운용되고 있어, 학생들은 홈베이스나 다양한 형태의 교실에서 구글 크롬북을 통하여 MOOC와 K-MOOC와 TED, EBS 특강 등과 같은 온라인 강좌들을 수강하며 이 모두는 학점으로 인정된다.

특히 IT 교사에 의해 개발된 온라인 학습 관리 시스템인 BLMS는 학생들의 구글 크롬북과 연동되어 있어 언제 어디서나 U러닝의 학점제 운용이 가능하다.

< 별무리 고등학교 학습 관리 시스템(BLMS) >

- 정의
  - 별무리고의 맞춤형 교육과정을 지원하기 위한 학습 관리 시스템(LMS)
- 기능
  - 로그인 : 구글 로그인을 이용하여 사용자 이름과 이메일 정보를 수집한다.
  - 사용자 정보 : 학생, 교사, 관리자에게 필요한 정보
  - 안내 : 맞춤형 교육과정과 BLMS 시스템에 대한 안내
- 이용 방법
  - 학습 계획서 설계 : 제공된 쿼터 수업 계획 양식을 사용해 학습 계획서 설계
  - 수강 신청 : 멘토의 승인을 받은 학습 계획서로 수강 신청
  - 결과 확인 : 작성한 학습 계획서와 시간표 결과를 확인
  - 학습 계획서 확인 : 학습 계획서 목록을 검색하여 내용 확인
  - 시간표 확인 : 시간표의 작성자 목록을 검색하여 내용 확인
  - 시스템 확인 : 강의실 사용 현황과 개설된 모든 교과 목록 확인
  - 강의실 확인 : 강의실 별 개설된 교과 확인
  - 개설 교과 목록 확인 : 개설된 모든 교과 목록 확인

My profile

장슬기

sapience@bmrschool.org

G Signed in　Sign out

Search for timetables ♡　검색

학생

수업개설　수강신청

평가등록　승인　결과출력

진로　관심사

■ 교사 개설 과목을 넘어 학생 개설 과목으로

별무리 고교에서는 학생 개설 과목을 인정하고 학점화한다. 하지만 진로에 대한 생각이 명확하지 않거나 자신의 적성에 대한 이해가 낮은 경우, 학습 기획력이나 실천력이 현저히 떨어지는 경우, 관심 있는 영역이나 배움의 의지가 없는 경우, 온라인 게임과 동영상에만 심취하는 경우, 이 시간을 친구들과 잡담하는 시간으로만 쓰려는 경우, 흥미 위주의 수업을 기획하는 경우 문제가 생긴다.

이를 방지하기 위해 별무리 고교는 학생들에게 맞춤형 교육과정의 계획, 실행, 평가 단계에서 철저히 어드바이저(코칭 중심의 담임 교사)와 상의하고 피드백을 받도록 하고, 모든 학생 개설 수업마다 교과 멘토나 학교 밖 멘토를 배정해 서로 긴밀히 협력하도록 했다.

학교 안 교과 멘토는 일대일로 수업을 하기도 하고, 스터디 그룹인 경우 특강 형태를 취하기도 하며, 평가 형식도 학생과 교사가 조율해

서 정한다. 학교 밖 멘토와 함께 하는 경우에는 학습 장소, 형태, 방식

을 더욱 유연하게 조율한다.

과목명	강의 제목 시간 / 공간	멘토	대상	학점	학습 방법
생물학	식용 곤충 재배 (목2,3,4) [과학실]	Z교사	스터디 그룹	3	"인간은 자신이 혐오하는 음식을 먹지 않는 것이 아니라, 자신이 먹지 않는 음식을 혐오스럽다고 생각한다." 미래 먹거리에 대한 고민과 함께, 지속 가능한 먹거리를 함께 만드는 과정을 통해 의사소통 역량을 기르고자 한다.
동화책 번역 프로젝트	희망 드림 프로젝트 (목2) [미술실]	A교사	스터디 그룹	1	아프리카 아이들에게 동화책을 번역하여 전달해 주어 아프리카 아이들의 교육에 보탬이 되어준다.
로뎀나무 프로젝트	로뎀나무 (수78) [세미나1]	B교사	스터디 그룹	2	국제 아동을 돕기 위한 다양한 프로젝트를 진행한다.
아동 생활지도	어린이집 실습(수78) [세미나2]	C교사	스터디 그룹	2	실습을 통해 진로에 대해 한 걸음 더 가까워지는 경험을 한다.
요리 실습	샘이와 아이들 – 요리를 사랑하는 모임 (월 234) [세미나 4]	D교사	10학년	3	자신의 적성을 발견하고 진로를 결정하는데 도움을 받으며, 요리를 통해 타인을 섬기는 법을 배운다.
평론 독서모임	바리스타의 커피를 즐기다 (월화수910)	E교사	전학년	6	문화 코드인 커피에 대해 인문학적으로 접근한다.
자수와 편물	뜨개질 기초 (수8)[카페]	F교사	전학년	1	뜨개질로 소품을 제작함으로써 성취감과 집중력을 향상시키고 심리적 안정감을 찾는다.
사회적 경제	기초 탄탄 경제 상식 (목56) [207/208]	G교사	전학년	2	자본주의 사회에 살아가면서 정작 돈이 어떻게 흘러가는지 모르기에 경제에 대한 기초 상식을 배운다.
사회적 경제	경영학 원론 (월56) [홈베이스]	H교사	전학년	2	경영학에 대해 공부한다.

독서	독서는 사람을 지혜롭게 한다(월화34)[별동천]	I교사	전학년	2	독서를 통해 인문학을 경험하고 가치관을 정립한다.
교육학	4muse 중고 연합 프로젝트 (월56)[마을]	J교사	스터디 그룹	2	4muse 프로젝트를 집중적으로 회의하고 중학생들과 for village에 대해 계획하며 마을을 대상으로 나눔 프로젝트를 시작한다.
과학	통합 과학 (수78)[없음]	K교사	개인	2	과학을 인강을 통해 공부한다.
물리 I	물리1 시공간과 우주(수34) [회의실]	L교사	11학년	2	물리를 공부하는 학생들에게 물리1 과목의 단원을 소개하며, 특히 시공간과 우주 단원의 기본 정보를 제공한다.
컴퓨터그래픽 II	인디자인 책 만들기 (화34)[세미나4]	M교사	전학년	2	졸업 작품으로 낼 시집을 인디자인으로 꾸미기 위해 인디자인의 기술을 배우고 활용한다.
로드스꼴라	로드스꼴라 멘토링 (수56) [회의실]	O교사 P교사	전학년	2	로드스꼴라는 길 위에서 배우고 놀고 연대하는 학교, 여행을 통해 배움을 실현하는 학교로서 여행 속에서 철학과 역사, 인문학을 배운다. 국내외를 네트워크로 연결하여 연대하며, 소통과 배려, 즐거운 상상과 창의적 에너지를 가진 스토리텔러가 되고자 한다.

< '식용 곤충 재배'에 관한 학생 개설 수업 >

· 과목명 : 식용 곤충 재배

· 개설 배경 : 본 수업은 미래 식량으로 각광받는 식용 곤충을 중심으로 지속 가능한 먹거리와 조리법 연구를 위해 개설되었다. 식용 곤충에 대한 연구를 위해 자료를 조사하고 직접 사육하며 특히 갈색거저리 유충인 밀웜과 쌍별귀뚜라미 사육을 중심으로 실행하려 한다.

· 식용 곤충 재배 수업 계획서 : 전 학년을 대상으로 지속 가능한 먹거

리와 조리법을 연구하는 과정을 통해 의사소통 역량을 기르고자 했다. 유비쿼터스 교육 환경을 기반으로 소감을 작성하고 발표물을 제출했으며 수강 신청 및 시간표 승인은 BMLS를 사용했다.

작성자	12학년	이OO		가치분야	샬롬
멘토	교사	박OO		역량분야	의사 소통
교과	과학	강좌명	식용 곤충 재배		
개설 배경	"인간은 자신이 혐오하는 음식을 먹지 않는 것이 아니라, 자신이 먹지 않는 음식을 혐오스럽다고 생각한다." 문화인류학자 마빈 해리스				
총괄 목표	식용 곤충 산업의 이해				
학습 내용	1주차	자료조사			
	2주차	외부 업체 탐방 , 갈색 거저리 유충 구입 및 시식, 갈색 거저리 유충 간이 사육 장치 제작, 자료 조사			
	3주차	쌍별귀뚜라미 사육법 조사 및 간이 사육 장치 제작			
	4주차	식용 곤충 조리법 연구			
	5주차	식용 곤충 조리법 연구			
	6주차	식용 곤충 조리법 연구			
	7주차	시설 제작 및 관리			
	8주차	시설 제작 및 관리			
수강 대상	전 학년	수준	상	신청 학점	2학점
평가 계획	평가자	비율	평가 계획		
	본인	20%	소감문		
	멘토	80%	성실도, 결과물, 출석		
등급 기준	A -뛰어남 (Outstanding) : 100-90 B - 우수함 (Competent) : 89-80 C – 최소 기준 충족 (Minimal): 79-70 F – 최소 기준 불 충족 : 69점 이하				

지속 가능한 먹거리와 미래 먹거리에 관심을 가지고 사육 및 조리법 연구를 하기 위해 개설된 이 수업은, 평가에 있어 학습자 스스로 학습 과정에 대해 소감을 작성함으로 평가하는 자기 평가 영역과, 교과 멘토에 의해 성실도, 결과물, 출석을 평가하는 멘토 평가영역을 바탕으로 절대 평가가 실시했다.

　학생들은 직접 밀웜을 구입하여 1세대부터 2세대까지 사육하면서 미래 식량으로서의 식용 곤충의 가능성을 직접 눈으로 확인했으며, 자료 조사, 곤충 구입, 사육 환경 계획 및 준비를 직접함으로써 의미 있는 시간을 보냈다.

　별무리 고교는 이 외에도 인턴십 교육과정인 유턴십 제도와 체계적인 나선형 구조의 진로 코칭 시스템, 지역 사회와의 연대, 교육과정의 중추로서의 연구소, 9개월의 인도로의 해외 이동 수업과 다양한 국제 개발 협력 프로젝트, 메이커 스페이스를 활용한 코딩과 4차 산업혁명의 수혜를 활용한 메이커 교육, 다양한 규모의 교실과 가변형 교실, 홈베이스와 교과 교실제, 무학년제, 교사 마을과 연계한 교육, 다문화 교육, 졸업 소논문 제도 등 다양한 프로그램을 운영하고 있다.

　이 학교들 외에도 인천 신현고, 서울 도봉고, 한서고, 용인 이우고 등이 고교 학점제를 선도적으로 운영하고 있다.

　학점제가 성공적으로 운영한다고 해서 무조건 좋은 학교라고 단정을 지을 수는 없다. 하지만 학교 교육과정 상 학점제 운영이 가능해지면 일선 학교가 학생 맞춤형 교육과정을 유연하게 운영할 수 있는 체제를 마련 할 수 있다.

미래의 학점제, 상상해 보기

■ 지역 사회나 네트워크 기반의 전문가 연계 학점제

다수의 교육 선진국들은 오래 전부터 학점제를 운영해 왔다. 벨기에의 '학습 공원', 핀란드가 2030년 학교 모델로 제시한 '학습 마을' 등이 그것이다. 또한 유럽과 북미의 경우, 학습 공원처럼 지역 사회에 개방되고 융합된 열린 학습 공간들을 구축하고 있다. 다가 올 유비쿼터스 사회에서는 오프라인과 온라인이 연동되어, 마을 공동체와 지역 사회와 전문가 그룹과의 네트워크 형태가 극적으로 변화될 것이다. 그러므로 우리나라도 학교 내 학점제 뿐 아니라, 지역 사회나 네트워크 기반의 전문가와 연계된 학점제를 고민해야 한다.

■ 기업 연계 인턴십 학점제

핀란드는 학습의 모든 단계에서 산업 기관과의 협력을 통해 학습자가 직업 세계를 바르게 이해하고 그에 적합한 역량을 키우도록 지원하며, 산업 현장에서 근무할 때에도 학습이 연장되도록 노력한다. 따라서 교사는 지식 전달자를 넘어 학생의 학습 인지 전략과 진로 로드맵을 상담해 주는 멘토 혹은 어드바이저의 역할을 하게 된다.

우리나라에서도 기업과 연대한 학점제를 위한 사회적 인프라 구하지 못한다면, 학생들의 진로 체험은 왜곡되고 부작용을 가속화시킬 것으로 예측된다.

미래 사회에서는 정규 교육과 평생 교육의 경계가 모호해지며, 교사와 학생, 학부모와 교사, 교육과 지역 사회 간의 구분은 사라지고, 네트워크가 필요에 따라 서로 다른 집단을 묶어 줄 것이다. 현재의 교사와는 전혀 다른 형태의 학습 전문가들이 학습 플랫폼을 통해 코칭을 진행하거나 코디네이터 역할을 하게 되며, 필요에 따라서는 물리적 학습 센터에서 정기적으로 모임을 하거나 화상 채팅을 통한 상담과 코칭 등을 할 수 있다.

미래 학점제의 특징

■ 학습 코치로서 교사

현재까지 교사의 역할은 가르침과 행정 업무였다. 하지만 학생 수가 급감하는 미래 교육 상황에서는, 교사의 가르침뿐 아니라 네트워킹 능력이 매우 중요해지며, '진로 코칭, 학습 코칭, 관계 코칭'이 교육의 화두가 될 것이다. 실제로 미국의 메트 스쿨, 한국의 소명학교와 별무리학교 등에서는 이러한 코칭 전문성에 대한 연구와 적용이 시작되고 있다. 소명학교와 별무리학교에서는 교사들이 팀으로 함께 공동 코칭(연합 코칭)하는 시스템이 있다.

교사는 학습자의 맞춤형 학습 경로를 코칭, 안내, 중재하는 역할을 하며 메타 학습(학습 전략)에 대한 교육을 한다. 마을 교육 연계 코칭, 학습 센터로의 역할, 주제 중심 학습을 위한 퍼실리테이터로서의 교과 또는 범교과 코칭, 학생별 학습 이력 과정 분석과 이에 대한 코칭 등을 할 수 있어야 한다.

■ 학습 가족(소규모 학습 공동체) 중심 작은 학교 활성화

학습 공원에는, 학교 내 '아카데미(academy)'라고 부르는 작은 학교가 있고, 다시 작은 학교 내 소규모 (15-20명) 학습 공동체인 '학습 가족'이 있다. 학교에서는 다양한 형태의 소규모 학습 집단(학습 공동체, 학습 가족)이 개별 학습, 스터디 그룹 학습, 네트워킹 학습 등을 수행하며, 이러한 형태의 수업들도 학점제의 과목으로 인정될 것이다.

■ 범교과 프로젝트의 확대

학점제가 지속적으로 확대된다면 교육과정은 더욱 다양화될 것이다. 이에 앞으로 주지 교과 중심의 국가 표준화 교과목들은 축소되고, 융합 교과와 범 교과와 주제통합 교과 그리고 학점제를 활용한 교육 과정이 펼쳐질 것으로 보인다. 이로 인해 역량 중심 교육과정과 다양한 프로젝트 수업들이 구현될 가능성이 높아질 것이다.

■ 학점제와 마을 교육 공동체의 만남

지역 사회의 '섬' 처럼 존재했던 학교에 새로운 변화의 바람이 일고 있다. '꿈의 학교'와 '꿈의 대학', 그리고 혁신 교육 지구와 마을 교육 교육 자치, 지방 자치와 융합되어 대한민국의 사회 구조를 전환시킬 마을공동체를 통한 지역 사회와의 교육적 연대가 시작되고 있다.

그러므로 이러한 학점제를 시행하기 위해서는 가치 있는 기업 선택 과정, Pre 인턴십 준비, 입사 전 겸비할 역량 교육, 입사 면접 과정, 근무 메뉴얼, 활동 프로젝트, 디렉터와의 상호 피드백, 학생 지원 인프라, 인턴십 마무리 활동, 인턴십 후 발표 파티 등 여러 면에서 준비를 해야 한다.

■ 유비쿼터스 네트워크 환경을 기반한 학점제

한국교육개발원의 「학생 수 감소 시대의 미래 지향적 교육 체제 조성 방안」 연구 보고서에서는 4차 산업혁명으로 인해 달라질 네트워크 형태의 학점제에 관해 기술하고 있다. 이는 학교 간 연계 교육 과정을 뛰어넘어 사회 전반과 세계적 교육 인프라와의 강력한 네트워킹의 가능성을 염두한 전망이었다. 유비쿼터스 네트워크 기술은 학점제의 날개가 되어 줄 것이다.

학점제를 구현함이 있어서, 미래 과학 기술 훈련 교육 (코딩 교육, 로봇 교육, 웹활용 교육 등)과 미래 과학 기술을 기반한 교육 (인공 지능 활용 교육, AR·VR·Iot 활용, 영상 토의, 전문가 네트워크 연계 교육, 지역 마을 네트워크 연계 교육 등) 등도 적극적으로 도입될 것이다.

이러한 유비쿼터스 네트워크 기술들이 사회 전반에 구조적 변화를 일으킬 경우, 전통적 학교가 재구조화되거나 해체되며 학습자를 중심으로 네트워크가 이루어질 것이다. 또한 빅 데이터, 딥러닝 이 시급히 필요하다. 물론 기업이나 사회가 학생들을 환대하는 시스템을 제공하는 메가 트렌드를 만들어 낼 것이다. 이것이 학점제와 맞물리면 효과는 극대화될 것이다. 미래형 학점제는 '무학년의 다양한 학점제'과 '학습 공원'(지역 사회와 연대된 마을 교육 공동체)가 융합된 형태가 될 것이다.

8장.
인턴십 교육과정을 디자인하다.

8장. 인턴십 교육과정을 디자인하다.

미래 사회에 직업 세계는 어떻게 변할까?

1·2·3차 산업혁명이 물리 세계와 정보 세계에 대한 변혁이었다면, 4차 산업혁명은 사물 인터넷 (IoT)[23], 로봇 공학, 인공지능 (AI), 빅 데이터[24] 등의 최첨단 기술이 나노 기술 (NT), 바이오 기술 (BT), 정보 기술 (IT), 인지 과학 (CS)과 융합되어 '물리 세계, 정보 세계, 생물 세계'를 통합, 연결시키는 변혁이다. 또한 유비쿼터스[25] 사회가 도래하면서 사람과 사람, 사물과 사물, 사물과 사람, 가상 현실과 증강 현실, 실제 현실도 융합되어, 거대한 매트릭스(모체, 자궁)에까지 연결될 수 있다는 뜻이다.

미래 사회에서는 진로 코칭이 중핵적인 교육과정이 될 것이다. 2022년 고교 학점제 전면화의 핵심에는 '진로 중심 맞춤형 교육 과정'이 있다. 학생의 수업 선택권이 확대되면 선택의 기준은 결국 개개인

---

23) 사물인터넷(Internet of Things, 약어로 IoT)은 각종 사물에 센서와 통신 기능을 내장하여 인터넷에 연결하는 기술. 즉, 무선 통신을 통해 각종 사물을 연결하는 기술을 의미한다.

24) 빅 데이터(Big Data)란 기존 데이터베이스 관리도구의 능력을 넘어서는 대량의 정형 또는 비정형의 데이터로부터 가치를 추출하고 결과를 분석하는 기술을 말한다.

25) 유비쿼터스란 라틴어로 '언제 어디서나 존재한다'는 뜻이다.

의 진로가 될 것이다. 따라서 미래 교육에서는 교사에게 가르침만큼이나 코칭과 네트워킹이 중요한 역량이 될 것이며, 특히 진로코칭 역량은 필수 역량으로 자리 잡게 될 것이다. 그러므로 교사들은 진로와 연결된 미래 직업의 흐름에 귀 기울일 필요가 있다.

미래학자들이 예측하는 미래의 직업은 3D 프린터 관련직, 무인기(드론) 관련직, 인공 지능과 로봇 관련직, 환경 관련직, 신재생 에너지 관련직, 사물 인터넷 관련직, 빅 데이터 관련직 등이다. 향후 미래 산업 사회의 기반은 기존의 자동차, 조선 해양, 석유 화학, 전기 전자, 반도체 등에 6T (IT, NT, BT, ET, ST, CT) 기술이 추가된다. 미래 사회는 인공 지능, 로봇 기술, 생명 과학이 주도하는 사회가 될 것으로 전망된다.

미래를 주도할 사업들을 요약하면 다음과 같다.

· 인공 지능 : 스스로 학습하며 진화하는 인공지능

· 로봇 공학 : 일상으로 들어온 휴머노이드 로봇

· 자율 주행차 : 주행하는 컴퓨터, 가상공간과 현실의 연결

· 재료 공학· 나노 기술

· 빅 데이터 : 정보화 시대의 원료, 인간이 사용하는 모든 데이터들의 플랫폼

· 핀 테크 : 은행의 핵심은 데이터

· 딥 러닝 (Deep learning) : 인공 지능과 컴퓨터가 스스로 학습할 수 있도록 하는 인공 신경망 기술

· 3D 프린터 : 무엇이든 상상하는 것을 만드는 세상

· 무인 드론 : 언제 어디서든 무엇이든 관찰하고 찍고 나르는 세상

· 환경 에너지와 신재생 에너지 : 인간과 자연의 공존, 핵융합 무공해 별 에너지에 대한 꿈

· 사물 인터넷 : 네트워크를 통한 사람과 사물의 연결

· 스마트 시티 : 사물 인터넷으로 만드는 도시

· 스마트 기기 : 연결된 모든 세상의 컨트롤러

· 5G 빅뱅 : 상상을 현실로 만드는 놀라운 속도

· 바이오 산업 : 생명의 한계에 도전하는 세상

· U 헬스 케어 : 100세 시대의 떠오르는 블루 오션

· 유전체학 혁명 : 정복되는 암 세포, 공룡과 매머드로 채워질 쥬라기 공원, 수명 연장의 꿈, 동물 장기 인체 이식, 심리를 치료할 알약 하나

· 소프트웨어 : 세상을 움직이는 보이지 않는 힘

· 신소재 : 세상을 재구성하는 새로운 물질과 소재

· 2차 전지 : 전원선을 끊고 전원 켜기

· 돈·시장·신용의 코드화 시장 : 디지털 화폐 비트코인과 블록체인, 디지털 공간에서 꿈꾸는 공유 경제, 차세대 금융 시스템

이미 개발 중이거나 상용화되고 있는 융,복합 기술들은 가속화될 것이다. 그 대표적인 것이 사물 인터넷이며 이것의 극치가 스마트 시티이다. 사물 인터넷이 완성되기 위해서는 다음 다섯 개의 산업들이

유기적으로 연결되어야 한다.

- · 상황을 감지하는 센서 기술
- · 센서가 장착될 단말기
- · 인식된 정보를 보내주는 통신망
- · 정보를 통합하는 플랫폼
- · 문제를 해결해 주는 서비스

이는 사물 인터넷과 관련된 직업과 산업의 예일 뿐이다. 4차 산업 혁명의 속도와 범위를 이해하고 대처하지 못하면 도태될 수밖에 없다. 이제는 덩치(Big Fish)보다 민첩하고 발 빠르게 움직이는 민첩함(Fast Fish)이 중요한 시대이다.

한국 교양 교육 학회에서 발표된「Liberal Arts : 교육과 직업 전문 교육」이라는 논문에 따르면, 이러한 새로운 직업군의 특징은 현재 관련된 전공들이 없고, 종합적 의사소통 능력, 비판적 사고력, 복합적이고 융·복합적인 사고 능력을 필요로 한다는 점이다. 또한 이 논문은 이러한 능력들이 오늘날 미국 경영자들이 구직자들에게 바라는 가장 중요한 능력임을 지적하고 있다. 이처럼 미래 사회가 필요로 하는 인물은 창의력, 복합적 문제 해결력, 융합적 사고를 가지고 로봇으로 대체 불가능한 철학적 사유와 감성적 지능을 가진 인재이다.

핀란드 2030 교육 비전의 핵심 키워드, "학습"

핀란드 미래 교육의 변화 방향을 제시하는 한 연구에서는 '학습을 사랑하는 사람들의 국가 (A land of people who love to learn)'라는 표현을 사용하고 있다. '핀란드의 교육 2030 : 세계 최고 교육 시스템을 위한 로드맵'을 살펴보면 위 표현의 의미에 대해 알 수 있다.

< 핀란드 교육 2030: 세계 최고 교육 시스템을 위한 로드맵 >

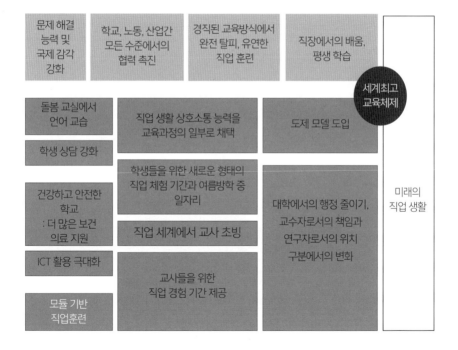

이 로드맵에는 '직업 훈련, 직업 생활, 직업 체험, 직업 세계, 직업 경험, 직장에서의 배움, 도제 모델' 등의 말들이 지속적으로 등장한다. 핀란드의 직업 교육은 인문계 고등학교의 직업 교육 위탁과정이나 전문계 고등학교의 직업 교육, 대안 교육기관의 직업 교육과는 전혀 다른 의미이다.

핀란드의 직업 세계에서 상사란, 공동의 목표를 달성하는 데 있어 더 많은 책임과 권한을 지닌 리더이다. 또한 핀란드의 기업 문화는 대기업과 스타트업이 상생하는 문화이다. 핀란드의 2030 미래 교육 대계는 이러한 수평적 의사소통 구조와 상호 존중의 기업 문화를 전제하고 있다.

핀란드의 2030 미래 교육 대계에서는 학습을 매개로 학교와 직업 세계를 하나로 묶는다. 학습은 학교에 국한되지 않는다는 것이다. 이는 평생 학습 시스템을 구축하려는 시도로 읽을 수 있다. 핀란드의 모든 사람이 언제 어디서나 학습을 사랑할 수 있도록 돕는 것이야말로 2030 미래 교육 대계의 비전이라 할 수 있다.

미국의 메트 스쿨 인턴십 교육과정 이야기

핀란드의 미래 교육 비전을 잘 구현한 사례 중 하나가 미국의 '메트 스쿨'이다. 120명 정원의 메트 하이 스쿨 (Metropolitan Regional Career and Technical Center)은 미국의 공립학교 중 차터 스쿨 (Charter school, 협약학교)의 한 유형이다. 차터 스쿨이란 학부모와 교사와 지역 사회 인사들이 교육 위원회를 구성하여 공동으로 운영하는 학교로, 자유로운 교육 철학과 교육 과정을 보장받지만 교육 상부 기관에서 예산을 지원받고 있기 때문에 완전히 자유롭지 않은, 한국의 혁신학교 형태라고 볼 수 있다.

메트 스쿨은 94%의 대학 진학률로 인해 매스컴을 탔다. 그렇다면 무엇이 이러한 성과를 가능하게 했을까? 미국 전역을 주목시킨 성과의 중심에는 아이러니하게도 직업 현장 실습 중심의 맞춤형 교육인 인턴십 프로그램이 있었다. 직업 인턴십 프로그램이 오히려 대학 진학률에 영향을 미친 것이다. 메트 스쿨의 인턴십 과정은 어드바이저 제도와, 학생 스스로 인턴십과 연계된 학업 계획을 결정하고 주체적으로 진행하는 개별 맞춤형 교육과정을 바탕으로 하고 있다.

가. 인턴십 과정의 목적

인턴십 과정은 단순한 직업 예비 교육이 아니다. 메트 스쿨의 인턴십 과정에는 '스스로 공부하고 세상과 소통하는 학교, 학교 너머의 학교'라는 철학이 자리 잡고 있다. 메트 스쿨의 설립자 데니스 릿키는 무한 책임의 공간인 현장에서 문제 해결력을 키우고 소통 능력을 배우는 것이 반드시 필요하다고 강조한다. 메트 스쿨에서는 이러한 인턴 과정을 졸업 전에 세 군데에서 이수해야 하며, 이는 더 나은 삶을 향한 소양을 쌓는 교육의 일환으로 볼 수 있다.

나. 학급과 어드바이저 제도

아침 학급 모임에서는 어제 있었던 일과 그날의 일과를 나누며, 교사는 학생의 학습 과정을 파악하고 조언해 준다. 학습 과정의 피드백이 나눔의 주제가 되는 것이다. 담임교사는 어드바이저(Advisor, 전문적 자문가)라고 불리며, 대략 15명의 학생들이 공동체를 이루어 4년 간 함께 공부한다.

학급 모임은 1주일에 세 번 (월,수,금), 하루에 두 번 있으며, 아침 학급 모임 이후에 학생들은 어드바이저와 15분씩 개별 상담을 하며, 학습 계획이나 학습 과정, 인턴십이나 개인적인 필요에 관한 조언을 듣고, 이후에는 자기 주도적으로 공부를 한다.

어드바이저는 이틀간 현장을 방문해 조언하며 현장에서 학습한 것을 내면화하도록 돕는다. 또한 인턴십 과정에 만족하는지, 보고서를 어떻게 준비하는지도 설명해주고, 현장 멘토와 상의하며 다면적으로 학습 진행 과정을 평가한다. 또한 학생들이 현장의 멘토와 조화를 이루며 책임 있는 태도로 과정에 임할 수 있도록 조율하는 역할을 한다.

다. 인턴십 활동

학생들은 3일은 학교에서, 2일은 인턴십 현장에서 학습을 한다. 학생들은 현장에서 지식 이상의 역량과 기술을 학습하며, 현장에서 필요를 느낀 부분에 대해 자기 주도적으로 공부를 한다. 이러한 현장 교육과 개별 맞춤형 교육과정의 철저한 연계가 일반 직업 교육과의 차이를 만들어 내는 것이다.

또한 인턴십 과정의 실질적 주체는 학생이나, 인턴십 과정의 질적 제고를 위해서는 준비된 현장 멘토(mentor, 지도자, 조력자) 확보가 매우 중요하다. 준비된 현장 멘토란 멘토 역할의 전문성 뿐 아니라, 사회적 책임감과 인턴십 제도에 대한 공감대 그리고 학생들과의 소통 능력을 지닌 멘토를 말한다.

학생들은 인턴십 과정이 끝나면 어드바이저와 학부모, 학우들 앞에서 보고서를 그룹별로 발표하며, 이는 졸업 작품전과 전시회로 마무리 된다.

라. 자기 주도 학습 시간

자기 주도 학습은 인턴십 시간을 제외한 월, 수, 금요일인데, 이 시간에는 강의식 수업은 없고 스스로 학습 계획을 짜서 진행한다. 물론 어드바이저와의 상담을 통해서 우선 순위를 짠다. 자기 주도 학습 시간에는, 개인이나 팀의 과제를 수행하기도 하고, 수다 떨고 놀기도 하고, 스터디 그룹을 만들기도 하고, 프로젝트를 진행하기도 하고, 인턴십에 대한 계획을 짜고, 발표회나 대회를 준비하기도 한다.

전적으로 학생 주도적, 개별 맞춤형으로 진행되는데, 언뜻 보면 공교육의 자율 동아리, 팀 프로젝트 활동, 독서 활동, 창의적 체험 활동 등과 비슷하기도 하지만 3일을 학생들이 온전히 주도한다는 점에서 다르다고 할 수 있다.

마. 메트 스쿨의 철학적 토대, 교사 연수 센터로서의 'Big Picture Company'

'Big Picture Company'는 메트 스쿨의 교육과정을 기획하고 운영을 돕는 역할을 하는 비영리 단체이다. 1995년 엘리엇 워셔, 데니스 릿키에 의해 창립된 이 단체는, 교사 연수 프로그램을 개발하기 위한 비영리 교육 연구 센터로, 관심 분야에 따라 맞춤형 교육을 한다는 철학에 따라 창립되었다. 이 단체가 주로 하는 것은 학생들이 어떻게 하면 가장 효과적인 교육을 받을 수 있을지에 대한 사례 연구이다. 학생들의 관심 분야와 열정을 찾아내고 그에 따라 배우도록 하는 것이 그들의 교육법이다. 또한 교육 철학의 확산을 위해 교사 연수 프로그램을 운영하며, 철학에 동의하는 교사들을 연수하여 학교 설립을 돕고 있다.

작은 씨앗, 인턴십 제도를 실험하다

한국의 여러 대안학교에서도 이러한 인턴십 제도를 실험하고 있다. 진로·직업 교육을 받으려는 청소년과 일터를 공개할 수 있는 사회적 기업을 연결해 주고, 참가한 청소년들은 본인의 흥미와 재능을 잘 살릴 수 있는 기업에서 방학 동안 4주에서 최대 6주간 실습을 한다. 이 프로그램에 참여한 학생들이 매일의 과정을 남겨놓은 인턴 저널을 확인해보면 학생들의 변화가 확연히 나타나고 있음을 알 수 있다.

■ 인턴십 프로그램을 경험한 고등학생들의 이야기

교육과정디자인연구소는 더시안연구소의 인턴십 프로그램을 몇몇 학교에 소개하며 한국의 중등 교육에서의 인턴십 교육과정의 가능성을 실험해 보고 있다. 이 실험은 2015년에 시작해 지금도 여름 방학에 2 ~ 4주 과정으로 진행하고 있다.

초창기에 참여했던 두 학생 중 한 친구는 문화 콘텐츠 소셜 벤처 기업와 연결되었고, 또 한 친구는 에너지 문제 해결을 위한 온라인 마켓 플랫폼을 제공하는 소셜 벤처 기업과 연결되어 인턴 과정을 밟았다. 그 친구들이 실제로 진행한 프로젝트 사례와 업무, 인턴십 후기와 직장 선배들의 조언들, 인턴십을 통해 배우게 된 가치 등은 다음과 같았다.

[A학생과 S벤처의 유턴십 이야기]

∘ 기업

청년 문화 예술 인력과 함께 대학생, 청소년, 지역 주민을 포함하는 네트워크를 구성해 무대를 연출해 단절된 사회에 소통의 길을 만들어 내는 문화 콘텐츠 소셜 벤처

∘ 주요 프로젝트 사례

태교 전문가와 인터뷰하는 프로젝트 '나는 기자다'를 통해, 태교하는 가정을 찾아가 태교의 과정에 대해 알아보고, 태교를 어떻게 생각하는지, 건강한 가정을 이루려면 어떤 태교를 해야 할 지를 인터뷰,

녹음, 정리, 사진 찍기, 기사 작성

◦ 대표적인 업무
　- 8월 23일 컨퍼런스의 주제 잡기 '여행, 출발, 시작'
　- '비커밍 맘' 기획 회의에 참석. 기획안 작성 배우기. 배경 자료 준비
　- 팀장님과 함께 인터뷰 질문 만들기, 직원분들에게 인터뷰 연습
　- 인터뷰 대상, 인터뷰 질문 피드백 받기, 조사한 리서치 자료 점검
　- 7/26 인터뷰, 7/27 인터뷰 토대로 청소년 기사 작성
　- 예비 부부 인터뷰, 임산부 인터뷰 녹음 정리, 사진찍기

◦ 인턴 이야기

"대표님이 기획서를 적어 오라고 하셔서 이게 무슨 말인가 싶기도 하고 어떻게 시작해야 할지, 어디서부터 손을 대야 할지 까마득했다. 인턴십 초반이라 이걸 물어봐야 되나 말아야 되나 고민하다가 대표님께 어떻게 하는 건지 물어봤다. 대표님께서 예시도 보여 주시고 옆에서 같이 계속 도와주시고 쉽게 설명해 주셔서 체계적인 기획서가 나왔다.

인터뷰 질문을 짜야 하는 프로젝트를 받았다. 처음에는 어떤 식으로 인터뷰 질문을 만들어야 하는지 몰라 난감했다. 예상 외로 엄청 어려울 줄 알았는데 생각해보니 질문할 것들이 꽤 많다는 것을 깨달았다. 모르는 것을 묻는 건 자존심 상하고 부끄러운 일이 아니라 더 알고 배울 수 있는 좋은 기회라는 것을 배웠다."

인턴십은 사회를 경험할 수 있는 소중한 기회이다. 또한 관심 있는 분야에 대해 더 많이 알 수 있고 생각 이상의 많은 것들을 배울 수 있는 기회이다.

◦ 배우게 된 가치 (업무의 기준), 사용된 / 발견된 재능 (업무 스킬), 세상의 필요 (발견한 문제와 해결할 이슈)

: 경청, 개방, 모험, 자유, 성실, 용기, 활력, 지식, 사람, 탐구, 긍정, 긴장, 도움, 감사, 창의, 즐거움, 적극성, 자신감, 진지함, 호기심

·창의적 아이디어로 계획 세우기

·초면인 사람들과 소통하기, 관계 맺기

·용기를 가지고 사람들에게 다가가기

·의견을 정리해서 말하기, 자기 표현하기

·타인의 의견을 경청하고 포용하기

·배우는 자세를 가지기, 궁금증 가지기

·용기를 가지고 모르는 것 물어보기

·계속해서 생각하기, 의견 정리하기

·글 정리하고 편집하기

·기사형식 고민하기, 자료 조사하기

·힘들어도 다시 힘내기

·긴장하지 않고 발표하기

·태아들이 건강하게 자랄 수 있게 도움주기

·출산은 선택이라는 인식의 변화

·낙태에 대한 청소년 남녀의 인식 변화

·생명에 대한 바른 인식

·자아 정체성이 확립되는 청소년 시기에 자기 발견의 시간 확보

·학생들의 사회 경험에 대한 필요 인식 및 홍보

·정부 차원에서의 임신 장려 정책

·소통을 통한 힐링 기업(프로젝트)의 필요

·기업의 이윤 뿐 아니라 사회에 기여할 프로젝트 기획

·청소년들을 깨우는 교육에 대한 일반 학교의 인식 변화 및 개방
 필요

·커뮤니티 장소 마련, 이야기 여행 홍보

◦ 인턴 기업의 조언

"마지막 발표 때 인상 깊었어요! 입시보다 더 중요한 것은 생명이
라는 말! 이 프로젝트를 통해 그 동안 깨닫지 못한 소중한 것을 발견
하고, 글로 정리하고 마지막 발표까지 마침표를 찍은 끈기와 열정, 노
력에 박수를 보냅니다. 왜 공부해야 하는지 중심을 잃지 않으면 멋진
20대가 기다리고 있을 거예요."

– 건설적인 피드백

"기획안 작성하는 것이 어려웠을 거예요. 하지만 어떤 일을 계획할
때 무에서 유를 만드는 과정에서 제일 중요한 것이 기획안입니다. 이

기사를 왜 쓰고, 누구를 대상으로 무엇을 전달할지를 쓰는 것이죠. 이 과정을 경험한 시간들이 훗날 새로운 일을 추진할 때 힘이 될 거예요. A4 한 장으로 요약하는 연습을 꾸준히 하면 도움이 될 거예요."

– 발견한 인턴의 가치(value)

"학생에게는 남들이 보지 않는 중심을 바라보는 관찰력이 있습니다. 쉽게 지나칠 수 있는 이야기를 귀담아 듣고 글로 정리해서 사람들과 어떻게 소통해야 할지 알고 있습니다. 짧은 시간이지만 기자로 지내며 인터뷰를 통해 얻은 소중한 자료가 많은 청소년과 임산부에게 가족의 중요성을 전달하는 도구가 될 거라 생각됩니다. 학생의 내면에는 건강한 가족을 위해 내가 할 수 있는 무엇일까라는 뜨거운 열정이 숨겨져 있습니다. 학생을 축복하며 앞으로 이 가치가 더욱 빛날 수 있도록 열심히 도전하고 노력하세요. 파이팅입니다."

– 발견한 인턴의 재능(skill)

"몸소 느끼고 경험한 이야기를 전하면서 사람들의 마음을 움직이는 발표력입니다. 발표를 잘하는 것 보다 더 중요한 것은 진심을 전달하는 능력입니다. 학생에게는 마음을 담아 글과 언어로 전달하는 힘이 있으니, 앞으로도 고민하는 문제를 직접 사람들을 만나 물어보고 궁금증을 해결하는 자세로 접근하고 정리하는 습관을 가진다면 어떤 일이든 훌륭하게 해낼 수 있을 거에요."

■ 소명고등학교와 별무리고등학교의 유턴십(U·Turnship)
  프로그램 운영 이야기

　용인의 소명고등학교와 금산의 별무리고등학교는 더시안교육연구소의 인턴십 프로그램에 영향을 받아 가치와 미래 역량 중심의 기업, 연구소, 단체, NGO 등과 연대해 방학 중 2주간의 실제적인 'U·turnship'이라는 인턴십 교육과정을 개발해 진행하고 있다.

[PRE U·Turnship]

　1. 지원서

　2. 인터뷰

　3. PRE 워크샵

　4. 기업 매칭

[U·Turnship]

　1. 기업 서류 심사

　2. 기업 면접 심사

　3. 기초 직업 실무 연수

　4. 유턴십 활동

[POST U·Turnship]

　1. POST 워크샵

　2. 타오름 발표

3. 유터니 축제

가. 유턴십이란?

☞ U · Turnship (you · turnship) 용어

① You / U : 그대 / U턴

② Turn / turning point : 차례, 기회 / 굴절점, 반환점

③ ship / internship : 배 / 인턴십

☞ U · Turnship (you · turnship) 정의

① U턴 : 나와 직업과 세상을 '아름답고 행복한 나라'로 U턴시키는 변
　　혁적 리더십 인턴 프로그램

② Your turn : 이제 그대 차례가 왔다.

③ Turning point : 인생의 터닝 포인트로 삼으라.

나. PRE 워크샵 과정

① 지원서 작성 : 신청자 (고1~고3)에게 지원서를 작성해서 제출하도
　　록 한다.

② 심층 인터뷰 : 지원서를 토대로 2~3명의 교사가 한 학생을 심층 인
　　터뷰한다.

　[심층 면접 결과]

　일시 : 20xx. 5. 25

　상담 교사 : 장xx 샘, 송xx 샘

　질문과 답변

　질문) 유턴십을 알게 된 계기?

답) 친구들의 경험을 듣고 관심을 갖게 됨

질문) 유턴십을 참여하게 된 동기는?

답) 관심 분야를 직접 경험해 보고 관련자를 만나고 싶어서

질문) 관심 분야는?

답) 교육, 법, 청소년 사역

질문) 진로 동아리(7MM)에서는 어떤 방향을 잡았나요?

답) 청소년 법과 교육에 대한 프로젝트 진행

질문) 진로 동아리(7MM)에서의 실제적인 활동?

답) '우리가 만드는 경기도 교육감' 활동 (정책이나 아이디어 제안)

질문) 청소년 문제 중 가장 시급한 것은?

답) 행복도가 너무 낮다 (공부하지 않아도 행복할 수 있도록)

질문) 그 외 관심분야

답) 사회학, 사회 과학

[총평]

- 청소년을 대상으로 문제를 해결하고 싶어하므로 사교육걱정없
는세상, 좋은교사운동, 복지센터, 상담센터 등에 연결해 주도록 함.

③ PRE 워크샵 활동

초청 특강 (기업의 인사팀장을 초청해서 채용 과정, 기업 문화, 갖
추어야 할 능력과 태도 등에 관한 특강)과 워크샵 Ⅰ (자신의 재능과
가치 등에 대한 재발견 워크샵)과 워크샵 Ⅱ (팀 프로젝트를 통한 세
상의 필요 채우는 워크샵)으로 이루어져 있다. 참여 학생은 4인 1팀

을 이루고 각 팀에는 멘토 교사가 배치되어 워크샵이 진행된다.

④ 기업 매칭

PRE 워크샵 활동이 끝나면, 모든 자료 (신청서, 심층 인터뷰 자료, PRE 워크샵 활동지, 자기소개서)를 정리하여 학생들이 구글 클래스룸에 제출한다. 제출한 자료를 토대로 유턴십 과정을 이수할 준비가 된 학생들만 선발하여 기업 매칭을 시작한다.

학생들에게 적합한 인턴십을 진행할 수 있는 기업을 찾기 위해서는 선생님들과 학생들이 함께 발품을 팔아야한다. 이전 유턴십 기업 인프라, 교사 지인인프라, 학부모 인프라, 웹을 통한 탐색 등을 통해 기업을 선정해서, 각 기업에 유턴십의 취지와 프로그램을 소개하고 재능 기부로 인턴을 2~4주를 진행할 수 있을지 최종 합의하여 기업에 매칭하게 된다. 이때 해당 기업 선정에서 기업 철학의 건강성과 사회적 공공성, 유턴십 철학에 대한 동의 등을 점검해야 한다.

다. U·Turnship

① 기업 서류 심사 : 기업은 학생들이 제출한 자료 (신청서, 심층 인터뷰 자료, PRE 워크샵 활동지, 자기 소개서)를 검토하여 1단계 서류 심사를 진행한다.

② 기업 면접 : 1단계 서류 심사에 통과한 학생들은 면접을 한다. 이를 위해 학교에서는 모의 면접을 진행할 수도 있으며, 그렇지 못한 경우라면 면접을 위한 가이드라인을 제공하는 것이 좋다. 복수의 학생들이 지원할 수 있으며, 불합격 하는 경우에도 스스로를 성찰할

수 있도록 지도하여, 다음 유턴십 과정에 재도전할 수 있도록 교육한다.

③ 유턴십 과정 : 면접에 합격하면 2~4주의 유턴십 과정이 진행된다. 주로 방학을 활용하여 진행하며, 장기적으로는 학기 중에 학점으로 이수할 수 있도록 제도 변경이 필요하다. 인턴십을 경험하는 학생을 유터니라고 하며, 이를 돕는 학교의 교사 그룹을 유터니 멘토 팀, 이를 돕는 기업의 디렉터를 기업 멘토라 한다.

라. POST U·Turnship 워크샵

유턴십 과정에서 배운 내용을 학교의 구성원들에게 소개하고 발표하는 발표회를 진행한다. 이는 유터니(인턴십 프로그램 참여 학생)를 중심으로 다양한 형태로 진행할 수 있는데, 관심 있는 친구와 다음에 참여하고 싶은 후배들에게 '초청장'을 준비하고 카페를 열어 '유터니 축제' 형태로 진행하기도 하고, 결과물은 유턴십 책자로 인쇄해서 필요한 친구들에게 나누어줄 수도 있다.

또한 부스를 운영하여 발표하는 전람회 형태로 진행할 수도 있다. 친구 뿐 아니라 유터니 학부모님도 초청하면 학부모님들도 축하를 해 주는 동시에 배움의 기회를 얻을 수 있다. 전람회 부스 운영 시 가장 좋은 평가를 받은 유터니에게 시상하는 것도 좋다.

마. 유턴십을 경험한 기업의 반응

청소년 대상의 직업 체험 프로그램을 두고 기업의 일방적인 교육

기부라고 말하는 이들도 있다. 청소년들을 직업 체험 교육 서비스를 받는 '수혜자'라고 생각하기 때문이다. 그래서 청소년, 기업 양쪽이 모두 상생할 수 있는 프로젝트가 될 수 있는 방안을 적극적으로 고민하고 있다.

참여한 기업의 대표들 중에는 유터니의 업무 성과에 대해 칭찬을 아끼지 않는 경우도 있었다. 함께 일했던 유터니는 인턴십 등을 해본 대학생들보다 우수했다며 외부 비즈니스 미팅, 회의록 작성, 기획안 만들기 등 다른 사원들 하는 일을 똑같이 시켰는데 결과는 훨씬 좋았다고 말했다. 이처럼 인턴십 교육과정은 단순한 예비 직업 교육이 아닌, '스스로 공부하고 세상과 소통하는 학교 너머의 학교'라는 철학에 기반하고 있다.

일선 학교에서 인턴십 교육과정이 잘 운영되려면 학교 차원만의 접근만으로 부족할 것이다. 학부모 마을 교육 공동체, 지역 사회와 연계 될 필요가 있다. 또한 교육 지원청 차원이나 학교 지원 센터 등을 설치하여 인턴십 교육과정을 지원해야 한다.

9장.
블렌디드 러닝으로 교육과정에 대한 새로운 상상력을 펼치기

9장. 블렌디드 러닝으로 교육과정에 대한 새로운 상상력을 펼치기

블렌디드 러닝으로 교육과정에 대한 새로운 상상력을 펼치기

"네트워크가 원활하지 않아 끊길 때도 있어서 실시간 수업은 불편해요. 집안 모습이나 나의 모습이 화면에 비치는 것에 대해 조금의 거부감이 들구요."

"선생님이 직접 수업하는 동영상이 아닌 ppt와 선생님의 말만 듣고 있는게 조금 지루해요."

"수업 할 때 궁금한 부분을 바로 물어볼 수 없는 점이 불편해요."

"EBS는 교과서랑 안 맞아요. EBS 동영상은 학교 선생님이 설명해주는 내용이 아니기 때문에 내신 준비 할 때 어려움이 있고 교과서별로 내용이 다르기 때문에 ebs 동영상만 보고 이해하기에는 어려움이 있어요"

"친구들과 직접 만나 놀고 싶어요. 하루 빨리 등교 수업이 이루어지면 좋겠어요" [26]

---

26) 덕성여고 온라인 수업에 대한 학생 설문조사 내용

코로나 문제는 백신과 치료제가 개발되기 전까지 코로나 문제가 완전히 종식되기는 힘든 상황이다. 확산과 방역, 진정과 재확산 형태로 주기적으로 확산과 진정이 파동처럼 진행될 가능성이 높다. 일부 의학자들은 백신과 치료제가 개발되어도 완전히 코로나 문제가 해결되기 힘들다고 보고 있고, 지역 풍토병화가 될 것이라고 경고하고 있다. 그리고 코로나 문제가 완전히 해결된다 하더라도 제2의, 제3의 코로나가 발생할 가능성이 높다. [27)]

2020년 처음 온라인 개학이 이루어질 때, 많은 교사들과 학교들은 코로나 문제를 2-3개월 정도로 진행되는 것으로 이해하고 그동안 임시방편적인 대안으로 온라인 수업을 진행했다. 그런데 코로나 문제가 중장기화가 되자 온라인 수업이 임시방편적인 대안이 아니라 상시적 운영 체제로 유지되어야 한다는 것을 느끼게 되었다. 일부 사립학교나 대안학교들은 코로나 문제를 중장기적 문제로 이해하고, 이미 3월부터 온라인 개학을 해서 수업을 체계적으로 운영하였다. 그러다보니 온라인 수업 현황을 살펴보면 EBS 동영상을 링크를 걸고 간단한 확인 과제만 내고 피드백없이 진행하는 학교에서부터 모든 수업을 실시간 쌍방향형 수업으로 전환하고, 온라인 협동학습이나 코딩 수업 등 다양한 온라인 수업을 운영하는 학교에 이르기까지 학교 간 격차가 많이 생겨났다.

---

27) ytn 뉴스, 2020.5.24., 신동아 2020년 5월호

온라인 수업의 장단점 분석

온라인 수업의 일반적인 장점은 다음과 같다.

첫째, 비대면 온라인 수업을 통해서 학생의 안전과 건강을 보호할 수 있다는 것이다. 코로나 문제처럼 비대면 상황에서 안전하게 수업을 할 수 있다.

둘째, 언제 어디서나 수업이 가능하다는 것이다. 학습자가 원하는 시간을 선택할 수 있고, 조절이 어느 정도도 가능하다. 스마트 디바이스를 가지고 있으면 가정이나 야외에서도 학습할 수 있다.

셋째, 교실 벽을 넘어 다양한 사람들과 협력 학습이 가능하다는 것이다. 다른 학급이나 학교와도 함께 학습할 수 있다. 지구 반대편 교실에서도 동시다발적으로 협동학습을 할 수 있다.

넷째, 상시 공개 수업이 이루어지기에 교사들의 수업 기획력 향상에 도움이 된다. 교사 입장에서는 상시 공개 수업이라서 부담은 되지만 그러기에 어느 정도 긴장감을 가지고 수업에 임할 수 있다. 오프라인 수업에 비해 수업 준비할 것이 많고, 그에 따라 수업 기획력이 향상될 수 있다.

다섯째, 온라인 수업 준비를 위해 자연스럽게 교사학습공동체 활동이 활성화되는 효과가 생겼다. 오프라인 수업을 하다가 갑자기 온라인 수업을 해야 하는 상황에서는 동료 교사들끼리의 협업이 매우 중요하다.

여섯째, 고교 학점제 수업 시 재수강 보충수업이 필요한 경우, 방과 후나 방학 중에 수업 수강이 가능해질 수 있다. 소인수 과목의 경우, 온라인 과목으로 개설이 가능하다. 온라인 과목 운영은 작은 학교나 시골 학교 등에게 현실적인 대안이 된다.

일곱째, 학교 밖 자원을 적극적으로 활용할 수 있고, 시간과 비용을 줄일 수 있다. 외부 전문 강사를 일부 초빙하여 운영할 수 있고, 한번 제작하면 나중에 다시 활용하기 쉬우므로 시간과 비용을 절감할 수 있다.

여덟째, 에듀테크(Edu-Tech)가 발전할 수 있는 기회가 되었고, ICT수업이나 스마트수업 등 새로운 형태의 수업이 학교 현장에 자리잡게 되었다. 예전부터 ICT 수업을 정책적으로 지원했으나 현실적인 어려움으로 인하여 일반 학교에 전면적으로 확산되기는 힘들었다. 그런데 코로나 문제로 인한 온라인 수업 도입은 보조 수단이 아니라 대체 수업 형태로 자리 잡게 된 계기가 되었다.

하지만 온라인 수업의 문제점도 있다.

첫째, 인성 교육을 하는 데 있어서 한계가 있다. 온라인 수업은 인지적 영역, 지식과 이해 등 저차원적 사고 개발에는 도움이 되지만 가치와 덕목을 다루기 힘들고, 정서적 영역과 실천적 영역이 접근이 어렵다.

둘째, 생활 지도하는 데 있어서 문제가 있다. 온라인 상의 상호 작용만으로는 여러 가지 학생 생활 지도 문제를 해결하기 힘들다.

스마트 기기 과의존 현상과 게임 중독 문제 등 새로운 온라인 문제가 더해지고 있다.

셋째, 온라인 수업이 학습 효과를 거두려면 개별 맞춤형 지도와 피드백 구축이 필요하다. 하지만 현실적으로 교사가 다인수 학생들을 온라인 상 개별 지도한다는 것이 쉽지 않다.

넷째, 음미체 과목이나 전문 교과 등 실습이 중심인 과목인 경우, 보여주기는 가능하지만 실습은 불가능하기에 교과 목표를 달성하기 힘들다. 보는 것과 실제 해보는 것은 많이 다르다.

다섯째, 유치원생이나 초등학교 저학년생의 경우, 온라인 수업으로 접근하기 힘들다. 한글을 모르고, 스마트 디바이스를 다루기 힘든 어린 학생들의 경우, 부모의 도움없이 혼자서 온라인 수업에 참여하기 힘들다.

여섯째, 온라인 수업 체제를 구축하는 데 있어서 예산 문제와 기술적인 문제들이 있다. 온라인 수업 체제 구축과 유지에 막대한 예산이 필요하고, 보안이나 초상권 문제, 저작권 문제 등이 있다.

온라인 수업이 효과적으로 이루어지기 위해서는 다음 세 가지 원칙을 지향해야 한다.

첫째, 교사의 실재감이 높아야 한다. 교사의 실재감이란 '학생이 선생님이 어딘가에 존재한다고 느끼고, 학생이 그 속에 속해 있다고 느껴서 학습을 가능하게 하는 것'이다. 수업과 성장연구소에서는 교사의 실재감을 교사와 학생 간의 연결되는 관계 만들기, 존재감 나타내기, 수업의 흐름을 이끌어가기, 피드백하기 등으로 나타날 수 있다고 강조한다.[28] 즉, 온라인 수업에서도 오프라인 수업처럼 교사와 학생 간의 의미있게 연결되는 인격적인 관계가 유지될 수 있어야 한다는 것이다. 수업 속 교사의 존재감은 수업을 준비하고 설계하고 촉진하는 교육적 의도를 가진 존재로서 교사 자신을 드러내는 것을 말한다. 수업의 기획자와 진행자로서 온라인 수업에서도 교사가 수업을 이끌고 나갈 수 있어야 한다. 교사의 실재감일 높을수록 학습 효과가 뛰어날 것이다. 학생들의 학습 수준과 과제 수행 정도에 따라 맞춤형 피드백이 수시로 이루어져야 한다.

둘째, 모든 학생들이 참여할 수 있는 방안을 모색해야 한다. 학생들이 흥미있게 수업에 참여하도록 해야 학습 효과가 높아진다. 그런데 강의식 수업 방식에 근거한 '인강' 스타일의 수업은 상위권 학생, 청각형, 시각형 학습자들에게는 유리한 수업 방식이다. 하지만 중하위권 학생, 체험형 학습자들에게는 상대적으로 불리한 수업 방식이다. 모든 학생들의 수업 만족도를 끌어올리기 위해서는 재미와 흥미를 추구한 수업콘텐츠를 제작할 수 있어야 하고, 학생들의 참여를 유도해야 한다. 실시간 쌍방향형 수업이라고 해도 강의식 설명만 한다면 높은 학습 효과를 기대하기 힘들다. 그러므로 실시간 쌍방향 수업 시 실시간 댓글을 올린다든지, 다양한 질의 응

---

28) 신을진(2020), '온라인 수업과 실재감', "코로나 19가 우리에게 남긴 것"(온라인 정책 토론회 자료집), 좋은교사

답을 시도할 수 있을 것이다. 수업콘텐츠 활용형 수업의 경우, 학생들이 재미있게 집중할 수 있도록 ppt, 동영상 등 다양한 학습 자료를 활용하여 제작하면 좋을 것이다. 과제수행형 수업의 경우, 학생들의 관심사와 연결된 주제로 과제를 구성하여 제시할 수 있을 것이다. 학습심리학 측면에서 학습 효과가 높은 것은 듣기 < 보면서 듣기 < 말하기 < 체험하기 < 또래 가르치기 순서이다. 그러므로 학생들의 참여 방식이 평면적인 접근보다 입체적 접근이 더 효과적이다.

셋째, 학생들의 학습 과정과 결과물에 대한 적절한 피드백이 이루어져야 한다. 지금까지 온라인 수업은 주로 '인강' 스타일로 지식 전달에 초점을 맞추어 진행되어 왔다. 그러다보니 온라인 수업 수강 여부를 확인하고 평가하며 그에 맞는 피드백이 적절하게 이루어지지 않는 경우가 많았다. 그래서 대면수업의 보완재 역할 정도로만 자리 잡았던 것이다. 그런데 대면수업을 주로 하고 온라인 수업이 보완 역할을 하던 상황이 아니라 반대로 온라인수업이 주가 되고, 오프라인 수업이 보조 역할을 하는 블렌디드 러닝 체제에서나 전적인 온라인 수업 체제에서는 피드백이 매우 중요하게 된다. 특히 중하위권 학생들의 경우, 피드백 정도에 따라 학습효과가 극명하게 달라질 수 있다. 실제 온라인 수업 현장을 살펴보면 어떤 교사는 모든 과제를 일일이 확인하고 그에 따라 세심하게 피드백을 하여 밤늦게 까지 수업을 하는 경우도 있지만 반대로 어떤 교사는 과제 수행 여부만 확인하고, 과제 내용 확인과 피드백 없이 대충 진행하는 경우도 있다. 교사가 피드백을 세밀하게 하면 업무 부담으로 인하여 쉽게 소진(번아웃, Burnout)될 수 있고, 피드백없이 진행되면 학습 효과가 떨어진다. 그러므로 교사는 세밀하고 꼼꼼한 피드백과 피드백 없이 진행되는 두 양극단 사이에서 교과 특성이나 학생 수준과 특성에 맞는 적절한 피드백 방식을 찾아야 한다. 용두사미형 피드백 방식은 별로 좋은 피드백 방식은 아니다. 지속가능하고 의미있는 피드백 방식을 창의적으로 개발하여 운영할 수 있어야 한다. 중장기적으로는 온라인 수업에 인공지능 기술을 도입할 수 있다면 교사의 피드백에 대한 부담을 획기적으로 줄일 수 있을 것이다.

비록 코로나 19로 인하여 온라인 수업에 학교 현장에 전격 도입되었지만 코로나 문제가 완전히 해결된다 하더라도 온라인 수업은 그대로 운영될 것이다. 왜냐하면 일단 온라인 수업의 장점을 모두가 이미 경험했고, 국가 차원에서 엄청난 예산 투자를 통해서 온라인 수업 환경과 인프라가 구축된 상태에서 이를 사용하지 않는다면 오히려 더 큰 사회적 문제가 될 수 있을 것이기 때문이다. 게다가 펜데믹 현상이 일어날 수 있는 미래 사회에서 비대면 일상 문화는 보편적 현상으로 자리잡게 될 것이다.

블렌디드 러닝(Blended Learning)이란 무엇인가?

"우리 학교는 학년별로 주1회 등교 수업을 하고 나머지는 온라인 수업을 하고 있어요. 온라인 수업은 에듀넷에서 운영하고 있는 e학습터를 사용하고 있구요. 주로 진도는 온라인 수업으로 진행하고, 등교 수업 시 주로 온라인 수업에서 미진하다고 생각하는 것을 보충 설명하거나 쪽지 시험 등 평가를 주로 하고 있어요." (서울 H 초등학교 교사)

"우리 학교는 3주를 주기로 학년별로 1주간 등교하고 있어요. 일단 교실은 한 줄로 자리 배치를 했고, 학생 상호 간의 접촉을 최소화하고 있어요. 등교 수업 시 온라인 수업 내용에 대한 요점 정리를 하고 있어요. 그리고 1학년은 과정 기록, 2, 3학년은 수행 평가와 쪽지 시험을 하고 있구요. 그런데 상위권 학생들은 진도대로 잘 따라오기는 하지만 중하위권 학생들은 어려움이 많아요. 학습 격차가 벌어져서 걱정이예요. 교사들은 온라인 수업 도입 초창기에는 부담이 커서 힘들어 했지만 이제는 잘 적응하여 새로운 앱(카훗 등)을 활용하여 새로운 수업 방식을 시도하고 있어요." (경기 C 중학교 교사)

"우리 학교 운영 방식은 1주일을 기준으로 학년별로 등교 수업을 이루어지고 있어요. 고3은 매일 등교 수업을 하고 있어요. 등교 수업 시 실험, 실습, 토의 등 대면 활동을 하고, 수행평가를 주로 하고 있어요. 모둠 수업은 교육청 지침 상 할 수 없어서 일제학습과 개별 학습으로만 수업을 하고 있어요. 그러다보니 학습 격차가 벌어져서 고민이예요. 온라인 수업을 하는 경우, 저는 주로 직접 콘텐츠를 제작하여 올렸지만 대부분의 교사들은 온라인클래스에서 기존 EBS 콘텐츠를 주로 올리고 있어요." (경기 M고등학교 교사)

온라인 수업의 장점이 많지만 근본적인 한계도 있기에 대면 수업의 온전한 대체제로서 온라인 수업은 가능하지 않다. 그래서 그 대안으로 등장한 것이 바로 '블렌디드 러닝(Blended Learning, 혼합형 수업)'이다.

블렌디드 러닝이란 혼합형 학습으로 두 가지 이상의 학습 방법을 결합하여 이루어지는 학습을 말한다. 대개 대면수업과 온라인 수업을 결합한 수업 형태를 말한다. 즉, 칵테일을 블렌딩하는 것처럼 온라인 수업과 대면 수업을 혼합한 수업 형태라고 할 수 있다.

블렌디드 러닝의 유형에는 순환 모델, 플렉스 모델, 알라카르테 모델, 가상학습 강화 모델 등이 있다.[29]

■ 순환 모델

순환 모델은 교사의 통제에 따라 면대면 수업과 온라인 수업을 정해진 시간에 따라 운영하는 방식으로서 기존 대면 수업 입장에서 온라인 수업으로 구현하기 좋은 것을 수용한 형태이다. 순환 모

---

29) 마이클 혼 외, 장혁 외 공역(2017), "블렌디드", 에듀니티

델 중 대표적인 것이 가정에서 온라인 학습을 하고 학교에서 대면 수업을 통해 지식을 익히는 '플립 러닝(Flipped learning, 거꾸로 교실)'이다.

■ 플렉스 모델

플렉스 모델은 방송통신고등학교처럼 기본적으로 온라인 수업으로 진행하지만 온라인 방식으로 하기 힘든 체육대회, 입학식 각종 행사, 시험 등을 대면 활동으로 진행하는 것이다.

■ 알라카르테 모델

원래 알라카르텔은 일종의 서양식 일품요리를 말하는 것으로 알라카르테 모델은 학생이 일반 학교를 다니면서 대면 수업에 참여하지만 선택 과목 등 일부 과목은 온라인 과목으로만 개설하여 운영하는 것이다.

■ 가상학습 강화모델

가상학습 강화모델은 필수 과목 등 일부 수업시간만 대면 수업을 하고 나머지는 온라인 수업에 참여하는 것으로서 주 2-3회 출석 수업을 하거나 오전이나 오후만 나와 출석 수업에 참여하는 것이다. 온라인 수업에 대한 비중이 플렉스 모델과 알라카르테 모델의 중간적 위치에 있다고 볼 수 있다.

플립 러닝(거꾸로교실) 이야기

"우리 학교는 그 이전부터 플립 러닝을 운영하고 있었어요. 그래서 이번에 블렌디드 러닝 체제를 구축하면서 한 학급을 오전반과 오후반으로 구분하여 오전반 수업 시 오후반 학생들은 오전에 온라인 수업을 하고, 오후반 수업 시 오전반 학생들이 온라인 예습을 하는 방식으로 운영하고 있어요. 학급 인원수를 절반을 줄여서 플립 러닝 방식대로 수업을 하고 있어요." (경기 J중학교 교감)

블렌디드 러닝 모델 중 우리나라에서 많이 알려진 것은 순환 모델 중 하나가 '플립 러닝(거꾸로교실)'이다. 플립 러닝(flipped learning, 거꾸로교실, 역진행 수업)은 수업 시간에 학습하고 방과 후 시간에 복습이나 숙제를 하는 기존 수업 방식을 뒤집어서 미리 학습 내용을 온라인 동영상으로 숙지하고 수업 시간에는 배운 지식을 토대로 활동하거나 응용 실습하는 것이다. 2008년 미국 콜로라도 일부 교사들을 중심으로 실험적으로 플립 러닝을 실천했는데, 학습 효과가 크게 나타나면서 새로운 형태의 수업 운동으로 발전하면서 전세계적으로 영향력이 확대되었다. 우리나라에서는 KBS를 통해 관련 프로그램이 방영되면서 많은 교사들이 관심을 가지게 되었고, 이후 미래교실네트워크를 중심으로 거꾸로교실 운동이 확산되었다.[30]

---

30) 미래교실네트워크 https://www.futureclassnet.org/

우리나라의 거꾸로교실 운동은 교육적 성과와 한계가 나타났다. 거꾸로교실에 성실하게 참여한 학생들은 학업 흥미도가 올라가고 학업 성적도 올라갔다. 하지만 학생들이 미리 온라인 수업 동영상을 보지 못한 상태에서 수업 활동에 참여하면 반대로 학습 효과가 떨어질 수 있었다. 특히 학생들이 가정 형편 상 스마트 디바이스를 제대로 가지고 있지 못하거나 이를 가지고 있어도 활용하지 못하면 기대한 학습 효과를 가질 수 없었다. 교사 입장에서는 매번 수업 동영상(디딤영상)을 제작하여 올려야 하기 때문에 여러 가지 부담감이 있었다. 그래서 일부에서는 온라인 예습을 강조한 특이한 수업 방식 정도라는 평가를 하기로 하였다.

블렌디드 러닝을 통해 수업과 교육과정에 대한
새로운 상상력의 날개를 달기

그런데 최근의 블렌디드 러닝 체제는 방역 차원에서 도입되다 보니 원래 블렌디드 러닝 방식과는 성격이 다르다. 특히 방역을 위한 사회적 거리 두기를 위해 학생 간 상호 접촉을 제한하는 상황에서 블렌디드 러닝은 한계가 있다. 예컨대, 플립 러닝(거꾸로 교실)의 경우, 온라인 학습을 통해 기본적인 지식을 습득하고 익히고 활동하는 것은 대면수업으로 진행하는데, 사회적 거리두기를 지켜가면서 학생 상호 간 활동을 할 수는 없다. 일제학습은 온라인수업이 보다 유리하고, 개별학습은 학급당 인원수가 적어야 가능하기 때문에 방역을 강조하는 상황에서 대면수업은 수행평가나 요점 정리 수준으로 할 수 밖에 없다.

하지만 방역 문제가 어느 정도 해결되면 블렌디드 러닝이 사라지는 것이 아니라 오히려 학교 현장에 정착할 수 있는 계기가 될 수 있다. 블렌디드 러닝 수업의 핵심은 과목 특성이나 학습 주제 특성상 온라인 수업으로 하기 좋은 것은 온라인 수업에서 구현하고 대면 수업으로 하기 좋은 것은 대면으로 진행하는 것이다.

블렌디드 러닝 체제는 현재의 수업 방식을 새롭게 업그레이드할 수 있는 계기가 될 수 있다. 하브루타 수업, 문제 중심(PBL) 수업, 토의 토론 수업, 프로젝트 수업 등 이미 대면수업에서 검증된 수업 방식을 온라인 수업에서도 구현할 수 있도록 창의적으로 변형하여 운영할 수 있다. 예컨대, 하브루타 온라인 수업의 경우, 온라인 강의를 듣고, 학습 내용을 토대로 퀴즈 문제를 푸는 것이 아니라 학습 내용을 퀴즈 문제로 출제하거나 자유 질문들을 만들고 그 중에서 대표 질문을 선택하여 자기 생각을 서술하도록 하는 것이다. 또한 온라인 수업에서만 가능한 수업이 있다. 디지털 위성 지도를 활용한 지리 수업이나 코딩 수업, 구글 설문지를 활용한 방탈출 게임[32] 등이 여기에 해당한다. 앞으로 인공지능 기술이 교육 분야에 전격적으로 도입된다면 개인 맞춤형 수업을 위한 피드백이 수월하게 진행될 수 있을 것이다.

---

32) 김정식, 허명성의 과학사랑 (https://sciencelove.com)

블렌디드 러닝 방식이 본격적으로 학교 교육과정에 도입되면 학교 교육과정을 보다 유연하게 운영할 수 있게 된다.

어떤 대안학교는 이미 알라카르텔 모델 방식으로 고교 교육과정을 운영하였다. 작은 대안학교이다보니 사회탐구, 과학탐구 과목을 모두 개설하여 운영할 수 없는 상황이어서 선택과목 중 소인수 과목의 경우, 학생들이 온라인 강좌를 수강하고 해당 과목 교사가 학습코칭 방식으로 학습 상태를 점검하고 피드백하고 평가를 했다. 그런데 학생들의 만족도가 대면 수업과 비교하여 크게 떨어지지 않았고, 학습효과도 좋았다. 적은 수의 교사로 다양한 학생들의 필요를 채울 수 있는 현실적인 방법이었다.

별무리고등학교의 경우, 전체 교육과정의 약 1/3정도는 전통 수업 방식대로 운영하고, 1/3은 프로젝트 기반(PBL) 수업 형태로 하여 학생 개설 과목을 운영하고, 1/3은 온라인 수강과 학습코칭 방식으로 운영하고 있다. 그래서 작은 학교임에도 불구하고 매학기마다 약 200개 이상의 과목을 설치하여 개인맞춤형 교육과정과 수업을 운영하고 있다. 학생 입장에서는 흥미와 진로에 맞추어 다양한 과목을 선택하여 원하는 방식대로 수업에 참여할 수 있어서 학생들의 학교 교육과정에 대한 만족도가 매우 높다.

고교 학점제 수업 시 재수강 과목의 경우 온라인 과목 운영을 통해 보충수업이 가능하다. 작은 학교의 경우, 소인수 과목을 개설하여 운영하기 힘들지만 온라인 과목을 개설하여 운영하면 소인수 과목도 운영할 수 있다.

미래 교육 담론에서 학습공원과 학습 조직 네트워크 개념이 대두되고 있는 상황에서 블렌디드 러닝은 이를 현실화할 수 있는 대안이 될 수 있을 것이다. 예컨대, 대면 수업을 주 3-4일로 진행하고 주 1-2일는 온라인 수업과 현장 체험 활동, 동아리 활동 등으로 진행할 수 있다는 것이다. 이러한 경우, 학교 밖 자원과 연계하여 학교 밖 수업을 할 수 있도록 하고, 이를 관리하여 학점으로 인정할 수 있을 것이다. 학생들이 등교하지 않는 날에는 교사들이 학교에서 온라인 수업 준비를 하고, 교사학습공동체 활동을 하면서 전문성을 함양하고, 각종 회의나 연수를 진행할 수 있을 것이다. 우리가 블렌디드 러닝을 어떻게 이해하고 활용하느냐에 따라 앞으로 학교 교육과정 운영 방식에도 큰 영향을 미칠 것이다.

10장.
미래형 수업과 평가로
교육과정을 실현하다.

10장. 미래형 수업과 평가로 교육과정을 실현하다

교수 학습 방법 대전환의 전망

강의식 수업은 많은 지식을 짧은 시간에 전달할 수 있고, 어려운 내용을 쉽게 풀어서 설명할 수 있고, 오개념이 적고, 경제적이라는 점에서 전통적 수업 방법으로 자리잡을 수 있었다. 하지만 학생들이 수동적으로 임할 수 밖에 없고, 다양한 해법을 찾아내기 쉽지 않으며, 미디어에 익숙한 학생들에게 효과적으로 지식을 전달하기 어렵다. 그렇다면 미래형 수업 방법은 어떠한 방향으로 변화될 것인가? 미래의 교수학습방법은 다음의 네 가지 방향으로 변화될 것이다.

・학습자 중심으로의 전환

미래에는 '무엇을 가르칠 것인가' 만큼이나 '무엇을 배울 것인가'가 중요한 화두가 될 것이다. 즉 교사 중심에서 학습자 중심으로 중심이 옮겨지는 것이다. 특히 고교 학점제로의 변화는 교수 학습법이 학습자의 선택권을 고려해서 변화될 것임을 예고하고 있다.

・코칭의 전문성 필요

한국 교육이 고교 학점제와 학습 공원의 형태로 재편되면서, 교사의 역할은 '학습 코치, 학습 조정자, 학습 중재자, 학습 평가 관리자, 프로젝트 관리자' 등으로 변화하게 될 것이다. 따라서 교사는 일대일 혹은 소수의 학습 공동체를 코칭하거나 퍼실리테이션할 수 있는 능력을 갖춰야 할 것이다.

· 네트워킹

미래 학교의 형태가 '미래 학교 시나리오 3, 4' 처럼 변화한다면, 교사팀은 '학습 지원 센터, 학습자 플랫폼, 외부 전문가 그룹와의 네트워킹, 지역 사회와의 온오프라인 플랫폼'의 중추 역할을 하게 될 것이다.

· 미래형 교수법의 다양화

미래에는 유비쿼터스 환경, 다양한 화상 강의, 스마트 기기, 인공지능로봇, AR과 VR 등을 활용한 수업 방식들이 등장할 것이다. 그리고 다음의 두 가지 교수법들이 대통합되고 다층위로 디자인되리라 본다.

첫째는 혁신학교나 대안학교에서 나온 대안적 교수학습방법들이다. 이 교수법들은 공동체, 학습자 중심, 협력과 협동, 지역 사회와의 협치, 평등과 평화, 통합, 민주 자치 등의 가치를 담고 있다. 미래에는 이러한 협동학습, 학습 공동체, 배움의 공동체, 프로젝트 학습, 통합 주제 수업, 토의 토론, 하브루타, 학습 코칭, 휴먼 라이브러리, 생활 작업 교육, 마을 교육, 로드 스콜레 등의 방식들이 확대 심화될 것이다.

둘째는 미래 상황에서 구현될 수 있는 독특한 교수학습방법들이다. 개인 맞춤형 학점제수업, 역량 교육, 주제 통합 수업, PBL, 멘토링과 코칭, 코딩과 메이킹, 인공 지능 및 로봇과의 연계, 웹-IOT 기반 학습, 스마트 미디어 활용, AR · VR 활용 수업, 3D 프린터 활용, 화상 토론, 전문가 그룹과의 네트워킹, 직업과 기업을 통한 인턴십 수업, 온라인 강좌 (MOOC, 코세라, 유다시티, TED 등) 활용 수업 등과 연계된 교수법일 것이다.

아마도 미래 교육에서는 이 두 가지 방식이 통합되면서 새로운 방식의 교수법들이 등장할 것이다. 현재 플립 러닝, 즉 거꾸로 학습은 통합의 초기 버전이라 할 수 있다. 이러한 방식의 온, 오프라인 연계 학습이 미래에는 더욱 확산될 것이다.

SMART 유비쿼터스 교육의 단계적 형태

유비쿼터스를 활용한 스마트 학습 방식은 더욱 심화 확대될 전망이다. 이러한 방식은 초창기에는 학교 내에서만 활용되겠지만 시간이 지날수록 지역과 세계와 연계되는 방식으로 확장될 것이다. 이는 순차적으로 도입될 수도 있지만 학교나 지역의 상황에 따라 중첩되거나 동시에 발생할 수도 있다.

1단계에서는 다양한 OS 플랫폼 (안드로이드, IOS, Windows, 바다, WebOS 등)을 탑재한 스마트 기기, 모바일 기기(태블릿 PC, 스마트폰, 크롬북), TV (IPTV, DCATV, 스마트TV), 전자 칠판 등 교육 매체가 다양화될 것이다. 이 단계에서는 ICT수업, E-러닝, 코딩 수업, 스마트 기기와 모바일 기기를 활용한 미디어 활용 수업, 3D 프린터와 IoT 연계한 실험 실습 교육 혹은 메어커 교육, 빅 데이터와 인공 지능 로봇과의 연계 학습, 가상 현실 · 증강 현실을 활용한 학습법 등이 활성화될 것이다.

2단계에서는 마을과 함께 학습 공원이 펼쳐지는 시기이다. 학교와 지역에 다양한 플랫폼이 만들어지며 다양한 연령의 학습자를 위해 맞춤형 교육과정을 제공하는 학점제가 확산될 것이다. 이 단계에서는 개방형 서비스가 확대됨에 따라 맞춤형, 감성 실감형, 참여형 서비스 등 융합형 스마트 서비스가 본격화되고, MOOC · 유다시티 · 코세라 · 에덱스를 활용한 온라인 강좌가 상시 활용될 것이다. 또한 전문가 그룹과 네트워킹을 통한 전문가 연계 수업, 온, 오프라인 연계 협동학습(온,오프라인 연계 토의 토론 수업, 다양한 방식의 플립 러닝, 동영상 강좌나 MOOC 등 온라인 강의 활용 협력 수업 등)으로 확장될 것이다.

이 과정에서 교사는 수업 디자이너이자 학생들의 학습과 진로를 코칭하고 집단 상담을 진행하는 어드바이저 역할을 하게 될 것이다. 또한 지역과 세계의 다양한 전문가와의 네트워킹 활동도 적극 도입될 것이다.

3단계에서는 본격적인 빅 데이터와 딥 러닝을 기반으로 한 인공 지능 혹은 인공 지능형 로봇을 활용한 교육이 점진적으로 확대될 것이다. 따라서 학교는 기존의 구조에서 벗어나 사회 센터, 학습 조직, 학습자 네트워크의 역할을 하게 되고, 지역 사회와의 연계가 더욱 긴밀해져 학습 공원이 확대될 것이다.

SMART 유비쿼터스 교육의 우려와 대안

．

장소에 구애받지 않고 자유롭게 네트워크에 접속할 수 있는 비대면 교육 형태가 확산되면 여러 문제가 발생할 우려가 있다. 비대면 환경에서의 인격적 교제의 부재, 기계와의 대면이 지속되는 과정에서 나타나는 비인간화, 가상 현실, 증강 현실 기술을 통해 실재의 세계를 초월하려는 시도, 인공 지능과 빅 데이터에 의한 인간 통제도 가능하게 될 수 있다. 또한 인간의 자아가 기술과 미디어가 구성해 주는대로 해체, 재구성되는 정체성의 위기도 초래될 수 있다.

이러한 위기에 대처하기 위해서는 '공동체, 학습자 중심, 협력과 협동, 지역 마을과의 협치, 평등과 평화, 통합, 민주 자치' 등의 가치를 담고 있는 대안적 교수법들을 바탕으로 인간중심의 교육과정 (철학, 심리학, 예술, 감성, 융합 등)이 실현되어야 한다. 또한 미래 사회에서는 기계 문명이 창조한 인공 세계와 모사 세계에서 보내는 시간이 많아져 개인화가 심해질 수 있으므로, 가족과 마을과 지역 사회를 통한 아날로그적 공동체적 형성과 돌봄을 더욱 중시해야 한다.

가르침과 배움의 문제

전통적인 수업에서는 가르침이 중시되었다. 그러나 수업의 성공 여부는 가르침이 아닌 배움의 수준으로 결정된다. 또한 배움은 익힘을 통해 완성된다. 그래서 동양에서는 둘을 분리하지 않고 '학습(學習)'이라는 단어를 사용해 통합적으로 이해했다.

미래 교육에서는 배움과 익힘을 넘어 깨침을 강조해야 한다.[33] 깨침이란 스스로 배움에 몰입하며 다양하고 복잡한 문제를 해결하는 것이다. 깨침을 위해서는 교사의 수업 디자인과 학생의 적극적인 참여가 동시에 이루어져야 한다. 즉, 직접적 교수 전략과 간접적 교수 전략의 장점을 결합한 참여적 교수 전략을 지향해야 한다. 참여적 교수 전략에는 협동학습, 문제 중심(PBL) 수업, 토의 토론 수업, 프로젝트 기반 수업 등이 있다.

---

33) 김현섭(2015), "수업 성장", 수업디자인연구소

학생들이 깨침의 단계에 이르도록 하기 위해서는 교사가 학생들을 인도하고 촉진하며 격려하는 역할, 즉 코칭자의 역할을 해야 한다. 코칭이란 개인의 목표를 성취할 수 있도록 자신감과 의욕을 고취시키고, 개인이 가진 실력과 잠재력을 최대한 발휘할 수 있도록 돕는 것이다. 미래 교육에서 교사의 역할은 가르침(Teaching)에서 코칭(Coaching)으로 전환되어야 한다.

학습 구조론

학습 구조란 '교사와 학생, 학생과 학생 사이의 사회적 상호 작용 방식'을 말한다. 학습 구조는 크게 교사 중심의 일제 학습 구조, 개별 학생 중심의 개별 학습 구조, 부정적인 상호 의존의 경쟁 학습 구조, 긍정적인 상호 의존의 협동학습 구조가 있다. 4가지 학습 구조의 특징을 정리해 보면 다음과 같다.

구분	일제 학습	개별 학습	경쟁 학습	협동 학습
특징	교사가 지식을 일방적으로 전달함	교사가 학생 수준에 따라 개별적으로 가르침	개인이나 집단 간의 경쟁을 통해 가르침	개인이나 집단 간의 협동을 통해 가르침
수업 방법	강의식 설명법 선행 조직자	수준별 수업 열린 교육 수업	퀴즈식 수업 상대 평가 활용 수업	협동학습 모둠 프로젝트 수업
장점	·많은 학습 내용을 짧은 시간에 전달 가능 ·오개념이 적음 ·효율적, 경제적	·학생의 흥미유발 ·학습 개인차 인정 ·학생의 개성과 다양성 존중	·수업이 활기참 ·학습 효과 증대 ·수업의 긴장도 유지	·학생들 간의 긍정적인 상호 의존 및 사회적 기술 발달 ·학생 흥미 유발 ·학습의 효율성 증대
문제점	·학생 입장에서는 수동적 자세 ·교사 비중이 큼	·교사들의 교수 부담이 큼 ·적절한 학습 환경이 필요	·학습의 부익부 빈익빈 현상 ·학습 수준이 낮은 학생들에 대한 배려 미흡	·학습자의 잘못된 이해 가능성 ·내성적 학생들의 문제
실패할 수 있는 조건	·학생들의 집중력이 떨어질 때 ·지식과 삶이 분리될 때	·타인과의 대화나 상호 작용이 많을 때 ·학습 자료가 부족할 때	·규칙이 공평하지 못할 때 ·과제가 복잡하고 어려울 때	·책임이 분명치 않을 때 ·각자가 타인에게 도움을 주지 않을 때
교사의 역할	전달자	정원사	심판관	매니저

일제 학습의 반대는 개별 학습이고, 경쟁 학습의 반대는 협동학습이다. 미래 수업의 구조는 일제 학습 구조에서 개별 학습 구조로, 경쟁 학습 구조에서 협동학습 구조로 전환되어야 한다. 일제 학습에서는 개별 학생의 특징을 충분히 고려하여 접근하지 못하는 한계가 있

으므로, 개별 학생들의 성향과 특징에 맞게 접근하는 것이 바람직하다. 경쟁 학습은 일시적으로 학생들을 역동적으로 만들 수 있지만 경쟁이 강조될수록 학생의 불안감이 높아지고 대인 관계도 무너질 수 있으며, 경쟁에서 낙오된 학생들을 충분히 배려하지 못할 수 있다. 따라서 협동 학습을 통해 학습 공동체의 경험을 강조하고 상생하도록 해야 한다. 특히 이질 집단에서 상호작용을 강화하기 위해서는 협동 학습이 필수적이다.

역량 중심 수업 방법

역량이란 인지나 기술을 넘어선 총체적인 능력을 적절하게 활용하고 특정 맥락에 맞게 수행할 수 있는 학습 가능성을 말한다. 쉽게 말해 지식을 활용할 수 있는 능력, 인생을 살아갈 수 있는 힘이다.

역량은 경험을 통해 익히는 것이므로, 역량을 기르기 위해서는 이에 적합한 수업 방법을 사용해야 한다. 자율 역량을 기르려면 학습 코칭이나 문제 중심(PBL) 수업 방법을, 공동체 역량을 기르려면 협동학습, 사회적 기술 훈련을, 창의적 사고 역량을 기르려면 질문 중심 수업, 하브루타, 프로젝트 수업을, 감성 역량을 기르려면 놀이 수업, 감성 수업, 욕구 코칭 등을 사용하는 것이 좋다.

자율 역량	· 자기 주도적 학습 및 학습 코칭 · 문제 해결(PBL) 수업
공동체 역량	· 협동/협력학습 · 사회적 기술
창의적 사고역량	· 질문 수업 · 프로젝트 수업
감성 역량	· 감성 수업 · 놀이 수업 및 욕구 코칭

프로젝트 수업이란?

프로젝트 수업이란 학생들 스스로 문제의식을 가지고 주제 선정 단계부터 조사, 연구, 발표, 평가에 참여하는 수업 모형이다.[34] 프로젝트 수업은 과제 발표 수업과는 다르다. 과제 발표 수업은 결과 중심, 전통적 지식 중심 수업이라면 프로젝트 수업은 과정 중심, 학생 중심, 생활 중심 수업이라고 할 수 있다.[35]

< 과제(Task) 발표 수업 vs 프로젝트(Project) 기반 수업 >

과제(task)-과제 발표 수업	프로젝트(project) – 프로젝트 기반 수업
- 전통적인 지식 기반 (객관론적인 인식론)	- 상대적인 인식론, 역량 중심 지식관 기반
- 결과 중심 수업	- 과정 중심 수업
- 교사 중심 수업	- 학생 중심 수업
- 동일한 결과물 산출	- 학생이나 팀마다 다른 결과물 산출
- 혼자서도 할 수 있음	- 과제 수행시 협업 강조
- 실제 삶과의 연관성이 낮음	- 실제 삶과의 연관성이 높음

---

34) 김현섭(2017), "철학이 살아있는 수업 기술", 수업디자인연구소
35) 김현섭(2015), "질문이 살아있는 수업", 수업디자인연구소

프로젝트 수업은 구체적이고 실제적인 삶의 문제를 다루며, 학생들은 자율적인 학습자, 자기 주도적 존재로 인식된다. 교사는 학생들이 과제를 잘 수행할 수 있도록 돕는 안내자, 촉진자 역할을 수행한다. 프로젝트 과제를 성공적으로 수행하기 위해서는 교사와 학생 간에 활발한 사회적 상호 작용이 이루어져야 하며, 구체적인 교육 활동이 제시되어야 한다.

프로젝트 수업은 교실에서 다양하게 변형되어 적용되고 있다. 프로젝트 수업의 핵심 요소는 어려운 문제나 질문, 지속적인 탐구, 실제성, 학생 선택권, 결과물, 성찰, 피드백이다.[36]

< 프로젝트 설계의 핵심 7요소 >

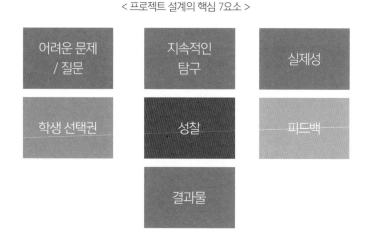

프로젝트 수업의 유형은 참여자 단위에 따라 개인이 수행하는 개

---

36) 존 라머 외, 최선경 외 역(2017), "프로젝트 수업 어떻게 할 것인가?", 지식프레임

별 프로젝트 수업과 모둠, 학급, 학교 등 단체 단위로 수행하는 협동 프로젝트 수업이 있다. 협동 프로젝트 수업은 대개 다음의 절차로 진행된다.

교실에서 프로젝트 수업을 성공적으로 하기 위해서는 다음의 몇

가지를 고려해야 한다. 첫째, 교사와 학생 사이의 의사소통이 원활해야 한다. 둘째, 교육과정 재구성이 전제되어야 한다. 셋째, 학생들의 자기 주도적 학습을 유도할 수 있어야 한다. 넷째, 프로젝트 수업 모형에 맞는 평가를 실시해야 한다.

프로젝트 기반 수업(Project-based Learning, PBL)과 교육과정 디자인

프로젝트 수업은 필연적으로 교육과정 재구성으로 연결된다. 다른 수업 모형에 비해 운영 시간이 많이 필요하기 때문이다.

| 프로젝트 수업 | 자기 주도형 교육과정 | 학생 맞춤형 교육과정 |

　　프로젝트 수업이 기존 수업 방식에서 일부 프로젝트 수업 모형을 삽입하여 운영하는 방식이라면 프로젝트 기반 수업(Project-based Learning, PBL)은 교육과정 자체를 프로젝트 수업을 위해 구성하는 것이다. 우리나라에서는 수 년전 TV 방송을 통해 알려지면서 많은 사람들이 관심을 가지고 적용하고 있다.[37]

　　프로젝트 기반 수업은 학생들이 스스로 주제를 선정하여 직접 교육과정을 기획, 운영하는 교육과정을 말한다. 대표적인 사례로 경기도교육청 주관 꿈의학교[38]에서 운영하는 '학생이 만들어가는 꿈의 학교'이다. 여기에서는 학생들이 원하는 주제와 내용을 구성해 신청하면 교육청에서 이를 지원하여 교육 활동이 이루어지도록 돕는다. 이러한 교육과정은 일부 대안학교에서도 운영하고 있다.

37) KDI-EBS 공동제작 '공부의 재구성' 1부(PBL을 아시나요?)
38) village.goe.go.kr

[이카루스 드론 경기 꿈의 학교 사례]

■ 프로그램 진행의 목적

- 4차 산업혁명과 SW 의무 교육에 따른 미래 교육 콘텐츠의 필요
  성을 바탕으로 디자인 씽킹의 기법을 드론 교육에 적용해 아이디
  어 창출 과정을 경험하고 문제 해결 능력을 배양하는 것.
- 문제 인식, 아이디어 창출, 구현으로 구성된 디자인 씽킹 과정을
  통하여 학생들로 하여금 드론과 미래 사회의 모습을 연계하여 구
  체적인 자신의 미래상을 설계하도록 하는 것.
- 학생들이 아이디어 구현과 학습 진행 토론 과정에서 부딪히는 잠
  재적 문제들을 디자인 씽킹의 사고와 드론 교육의 실질적 구현이
  라는 방식으로 해결함으로써 문제 해결 능력을 배양하는 것.
- 모둠 속에서 사고의 확산과 수렴을 이루어 나가게 함으로써 집단
  사고의 기술과 공유를 통해 새로운 가치를 창출할 기회를 얻게 하는 것.

■ 주요 활동 내용 및 학생 중심 교육방법

<디자인 씽킹으로 교육하는 드론 활동>

- 인식 : 드론에 대한 필요성과 학습 과정에 대한 문제를 인식하고
  선정함
- 교육 방법 : 드론에 대한 학습 내용이 주어지면 토론을 통해 과제
  를 선정하고 바람직한 교육과정 선정 및 현상과 학생들의 격차를
  설정함

- 아이디어 도출 : 브레인스토밍, 브레인라이팅을 통해 최종 도출된 드론에 대한 아이디어를 평가 수렴, 교육과정에 접목하여 운영하는 솔루션을 결정함
- 교육 방법 : 교육자는 학생들이 스스로 아이디어를 낼 수 있도록 도움을 준다. 브레인스토밍, 브레인라이팅, 스캠퍼 기법 등을 통해 아이디어를 확산시키고, 다양한 수렴 기법을 통해 현실적인 아이디어를 도출하게 함
- 구현 : 확정된 아이디어를 드론 교육을 통해 실제적으로 구현함
- 교육 방법 : 드론에 대한 비행 및 촬영, 학생이 스스로 디자인 씽킹을 통해 드론 교육 기술을 습득하고 구체적인 해결책을 내도록 함.

문제 중심 수업 (Problem Based Learning, PBL)

문제 중심 수업(Problem Based Learning, PBL)은 문제 기반 수업, 문제 해결 수업이라고도 한다. 문제 중심 수업은 학생들이 실제 삶의 문제 (Problem)를 이해하고 개별학습이나 협동학습 등을 통하여 해결 방안을 모색하는 수업이다.[39]

여기서 문제(Problem)란, 현실적으로 학생과 관련되어 있으며 결과가 명료하게 제시될 수 있는 비 구조화된 문제를 말한다. 문제 중심 수업에서는 학생이 주도적으로 문제를 해결해 나가고, 교사는 조력하며 촉진하는 역할을 한다.

---

39)강인애(2007), "PBL의 실천적 이해" 문음사

문제 중심 수업 모형의 절차는 다음과 같다.

1단계 : 문제 개발

　① 교과 및 단원 선정

　② 교육과정 분석

　③ 자료 수집

　④ 문제 초안 작성

　⑤ PBL 문제 만들기

2단계 : 수업 디자인

　① 교수 학습 지도안 작성

　② 평가 계획 만들기

3단계 : 학습 환경 만들기

　① 오프라인 학습 환경 준비

　② 온라인 학습 환경 준비

4단계 : 실제 수업 실행

　① 기본 개념 설명 및 동기 유발

　② 문제 시나리오 제시

　③ 개인별 과제 해결

　④ 협동학습 (모둠별 문제 해결 활동)

　⑤ 전체 발표 및 교사의 피드백

5단계 : 평가

　① 평가 및 점수 부여

　② 포트폴리오 만들기

문제 중심 수업의 성공 여부는 PBL 문제의 수준에 달려 있다. PBL 과제의 사례를 제시하면 다음과 같다.

[친구와 함께 1박 2일 국내여행을 가려면?]

방학 중 친한 친구와 함께 1박 2일 국내 여행을 하고자 한다. 여비가 10만원이라고 가정하고 친구와 함께 여행 계획서를 만들어 본다면?

– 여행 계획서 항목 : 목적지, 목적지 선정 이유, 가 보고 싶은 곳, 식사, 숙박, 이동 수단, 경비 지출 계획, 기타

[위기에 빠진 소년들을 구하라!]

태국에서 일어난 실제 사건으로, 폭우로 유소년 축구 선수 12명과 코치 1명이 근처 동굴로 피신했다. 그런데 동굴 안으로 물이 들어와서 나가지도 못하고 오히려 더 위험해 진 상황이다. 아이들은 수영이나 잠수를 하지 못하고, 현재 산소와 음식이 부족한 상태이다. 여러분이 구조대라고 가정하고 어떻게 이들을 무사히 구조할 것인지 방법을 고안하라.

평가란?

우리 교육에서 평가가 차지하는 비중은 절대적이며 이는 입시 교육과 깊은 관련이 있다. 그러다 보니 평가의 본질이 왜곡되는 경우가 많다. 최근 대입 제도 공론화 과정에서도 나타났듯이 이러한 평가에

대한 관점의 차이는 사회적 갈등으로 나타나기도 한다.

평가란 학생들이 일정한 학습 경험을 수행한 후 학습 목표를 어느 정도 달성했는지 여부를 측정하는 것이다. 교사들은 이를 통해 학생들의 학습 수준을 이해하고 스스로의 수업을 반성하는 자료로, 학생들과 학부모들은 자기 발전 자료로 삼는다.

평가 도구의 적합성 기준은 타당도, 신뢰도, 객관도, 실용도 등이다. 타당도란 '측정하고자 하는 바를 실제로 측정하고 있는가'를, 신뢰도란 '측정값이 믿을만한가'를 뜻한다. 객관도란 '채점자가 얼마나 일관성이 있게 채점하는가?'를, 실용도란 '측정 도구가 시간, 돈, 노력을 얼마나 적게 드는가'를 말한다.

선다형 평가는 신뢰도, 객관도, 실용도는 높으나 타당도는 상대적으로 낮다. 반면 수행 평가는 타당도는 높으나 신뢰도, 객관도, 실용도는 상대적으로 낮다. 그러므로 다양한 평가 방식을 병행하여 활용해야 한다.

평가 관점과 유형

학습 구조에 따라 평가에 대한 관점도 달라진다.

■ 일제 학습 평가 관점 : 교사의 설명에 잘 집중하고 지식을 잘 이해하고 수용했는가?

■ 경쟁 학습 평가 관점 : 내가 남들보다 어느 정도 우월한가?

■ 개별 학습 평가 관점 : 개인의 특성과 수준에 맞게 어느 정도 성장과 발달을 했는가?

■ 협동 학습 평가 관점 : 다른 사람을 얼마나 배려했으며 모두의 성공을 위해 어느 정도 기여했는가?

미래 교육에서는 일제 학습 평가는 개별학습 평가로, 경쟁학습 평가는 협동학습 평가로 변화되어야 한다. 또한 교사, 지식 중심 평가에서 학생, 역량 중심 평가로 변화되어야 한다.

평가 방식을 평가의 유형에 따라 분류하면 다음과 같다.

기준	평가 유형
평가 목적	지필 평가, 수행 평가
평가 방법	지필 평가, 수행 평가
평가 시기	정시 평가, 상시 평가
평가 주체	일제 평가, 교사별 평가
평가 관점	과정 중심 평가, 결과 중심 평가
평가 대상	지식 평가, 성장 평가, 역량 평가

평가는 목적에 따라 진단 평가, 형성 평가, 총괄 평가로 나눌 수 있다. 진단 평가는 사전 평가로서 학생의 선수 학습 정도를 확인하는 평가이며, 형성 평가는 학습의 과정 평가로 교수 학습 과정 중의 목표 도달 여부를 확인하는 평가이다. 총괄 평가는 사후 평가로서 학습 후 성취 정도를 확인하는 평가이다. 최근 강조되는 과정 중심 평가는 총괄 평가, 결과 중심 평가로 진행되는 기존 평가의 문제점을 보완하기 위함이다.

평가 방법에 따라서는 지필 평가, 수행 평가로 나눌 수 있다. 지필 평가에는 선택형 평가(진위형, 연결형, 선다형)와 서답형(단답형, 완성형)이 있다. 수행 평가는 그 외의 모든 평가(논,서술형 평가 포함)를 말한다. 학생이 직접 만들어낸 산출물이나 직접 작성한 응답을 통해서 지식과 기능을 평가하는 방식이다.

지필 평가	비교	수행 평가
낮음	타당도	높음
높음	신뢰도	낮음
높음	객관도	낮음
높음	실용도	낮음
결과(점수) 중심	강조점	과정(성장) 중심

평가는 시기에 따라 정시 평가와 상시 평가로 나눌 수 있다. 정시 평가는 중간 고사, 기말 고사 등 정기적으로 보는 총괄 평가이며, 상시 평가는 학급별, 교과별 교육과정에 따라 수시로 보는 평가이다. 최

근에는 정시 평가보다는 상시 평가를 강조하며, 특히 과정 중심 평가에서는 상시 평사를 선호한다.

평가 주체에 따라 일제 평가와 교사별 평가가 있다. 일제 평가란 동일 학년을 동일 문제로 평가하는 것이며, 교사별 평가는 교사가 자신이 가르치는 학생을 대상으로 평가하는 것이다. 동일 학년, 동일 과목이라도 교사마다 평가 방식과 산출 방식이 다른 것이다. 현재의 일제 평가 방식은 교사별 평가로 전환되어야 하며, 이를 위해서는 교사의 평가 전문성 신장과 교사에 대한 사회적 신뢰가 전제되어야 한다.

미래 교육 평가의 방향

첫째, 절대 평가 중심으로 변화되어야 한다. 현재는 입시 중심 교육으로 인해 상대 평가가 강조되고 있지만 본질적 측면에서 보면 절대 평가가 중심이 되고 상대 평가는 보조 수준에 머물러야 한다.

둘째, 과정 중심 평가로 변화되어야 한다. 결과 중심 평가가 교수 학습이 종료된 후 성취 목표 도달 여부를 확인하고자 하는 평가라면, 과정 중심 평가란 교수 학습 과정 중에 학생을 평가하여 보다 나은 배움이 일어날 수 있도록 하는 평가이다. 현재는 결과 중심 평가로만 진행되고 있지만 과정 중심 평가로 변화 되어야 한다. 물론 과정 중심 평가가 결과 중심 평가를 대신할 수는 없지만, 결과 중심 평가가 지속된다면 학습 과정은 무시되고 결과만을 위해 학습하는 현상이 지속될 것이다.

셋째, 지식 중심 평가에서 성장 중심 역량 중심 평가로 전환되어야 한다. 대표적인 방식이 향상 점수제이다. 향상 점수제란 개별 학생의 평균 점수를 기준으로 다음 평가에서 어느 정도의 향상 내지 퇴보가 있는지 확인하고 그에 맞추어 평가하는 것이다. 성장 중심 평가는 경험 중심 교육과정, 구성주의 교육과정 입장에서 강조하는 평가이다. 또한 역량 중심 평가는 학생 역량 신장에 초점을 맞춘 평가로, 실생활에서 경험하는 다양한 문제를 직접 해결할 수 있는데 초점을 두고 평가하는 것이다.

넷째, 양적 평가에서 질적 평가로 변화되어야 한다. 양적 평가란 평가 점수 (학업 성취도) 중심 평가로, 결과 중심 평가를 강조하고 지필 평가를 선호한다. 그에 비해 질적 평가는 평가 점수 외의 과정적 지식도 평가하는 것으로, 석차와 점수에서 등급 중심으로 전환하는 것이다. 질적 평가는 과정 중심 평가를 지향하고 수행 평가를 선호한다.

다섯째, 교육과정-수업-평가-기록의 일체화가 이루어져야 한다. 교육과정대로 수업을 진행하고 수업한 대로 평가하여, 이를 성실하게 기록하는 것은 지극히 상식적으로 정상적인 교육 행위임에도 이제껏 그렇지 못했다.

미래의 교육 평가는 기존 평가의 문제점을 극복하고 대안적 평가의 방향으로 전환이 이루어져야 할 것이다.[33]

---

33)이형빈(2015), '교육과정 - 수업 - 평가, 어떻게 혁신할 것인가?', 맘에드림
   2016 중등국어과 1급정교사 자격연수자료집(경기도 외국어 교육연수원)

기존 평가	비교	대안적 평가
선발, 서열화	목표	학생의 성장과 발달
분절화, 단선화	교육과정-수업-평가	밀접한 연계
상대 평가, 비교 평가	준거	절대 평가, 자기 성장 평가
단편적 평가, 양적 평가, 일제식 평가	평가 방법	다양한 평가, 질적 평가, 교사별 평가
점수, 석차, 등급 위주의 기록, 정형화된 기록	평가 기록	학생에 대한 성장 기록 다양한 항목 기록
학생의 학업성취도 확인	활용	성장을 위한 피드백, 학생 및 학부모 상담 자료, 교육과정과 수업 개선 자료
배제 구조, 비교 의식, 경쟁의 내면화	잠재적 교육과정	안정 구조, 자존감 및 학습 동기 회복, 협력의 내면화

미래형 수업 방법에 따른 다양한 평가 방안도 모색되어야 할 것이다. 예컨대 스마트 기기를 활용하여 유비쿼터스 수업이 진행되었다면 평가도 상시 평가로, 스마트 기기 활용 평가로 진행되어야 할 것이다. 만약 프로젝트 수업으로 진행되었다면 지식 자체보다는 지식을 재구조화하고 잘 이해했는지, 참여 과정에서 협업이 어느 정도 이루어졌는지 프로젝트 결과물이 삶의 문제를 잘 해결하고 있는지, 문제 해결 과정에서 관련된 기술 등을 잘 활용했는지 등이 평가 기준이 될 것이다. 즉, 내용적인 지식(지식 자체에 대한 이해) 뿐 아니라 과정적인 지식(기술, 기능, 가치, 태도 등)이 중요한 평가 기준이 될 것이다.

11장.
미래형 학교 교육과정을 디자인하다.

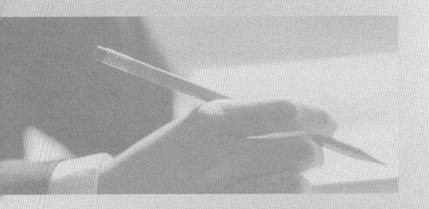

11장. 미래형 학교 교육과정을 디자인하다.

미래형 학교 이야기

4차 산업혁명 시대의 학교는 어떤 모습이어야 할까? 다수의 전문가들은 전통적 학교 형태로는 급속히 변하는 시대적 흐름을 따라갈 수 없다고 말한다. 최근에는 이러한 흐름 속에서 전통적 학교 형태를 벗어난 창의적인 형태의 학교들이 등장하고 있다.

그 중 대표적인 것이 '무크 (MOOK)'이다. 무크는 수강자 수의 제한이 없는 대규모 강의로(Massive), 별도 수업료 없이(Open), 인터넷(Online)으로 제공되는 교육과정(Course)이다.

무크의 서비스인 '코세라 (Coursera)'의 수강생은 현재 800만 명을 넘어섰다. 언제 어디서든 원하는 강의를 듣고 수료증까지 딸 수 있는 시대가 열린 것이다. 다양한 온라인 강좌와 인공 지능을 통한 교육은 조만간 세계 주요국의 중등 교육에 영향을 미칠 것이다.[41]

또 하나의 미래형 학교로 '미네르바 스쿨'을 들 수 있다. 이 학교는 캠퍼스 없이 'Active Learning Forum'이라는 플랫폼을 통한 온라인 수업만으로 진행되는 학교이다. 강의당 수강생은 20명 이하이며, 학생

---

41)한국판 무크 http://www.kmooc.kr/

들은 수업 전에 교수가 제공한 강의 영상을 학습한 뒤 강의실에서는 토론이나 과제를 수행하는 '플립 러닝(Flipped Learning)' 방식을 사용한다. 재미있는 것은 '캠퍼스 없는 학교'임에도 불구하고 학생 전원이 전 세계 7개 도시를 옮겨가며 기숙사 생활을 함으로써 일반 학교 학생들보다 훨씬 넓은 교육 활동 반경을 갖게 된다는 것이다. 또한 학생들이 해당 국가의 지역 사회에서 생활하면서 구글, 아마존, 우버 같은 기업에서부터 비영리 단체나 사회 기관에 종사하며 실험적이고 도전적인 프로젝트를 수행하는 교육과정을 운영한다.

초중등학교의 사례도 있다. 2014년에 칸 아카데미의 설립자가 세운 '칸 랩 스쿨'은 초, 중등의 구분만 있는 무학년제로 운영되며 프로젝트 학습을 하고 시험이 없다.[42] 2013년에 설립한 '알트 스쿨'도 1500억 원에 달하는 민간 투자를 얻어내어 학생들의 흥미와 특성에 따라 반을 편성하고, 학생들의 활동을 철저히 기록, 관리하여 개별 학생들에게 맞춤형 수업을 제공하고 있다.

최근 대구시교육청에서는 대구형 미래 수업 교실인 '참자람교실'을 운영하기 시작했다.[43] 참자람교실은 기존 교과서에서 벗어나 창의 융합형 미래 수업 형태를 실험적으로 운영하고 있다. 평가도 객관식 평가에서 벗어나 서술형 평가, 과정 중심 평가로 운영되고 있다. 국가

---

42) 한국판 칸 아카데미 https://ko.khanacademy.org/
43) 대구시교육청 산하 대구시협력학습지원센터에서 참자람교실을 자유학년제 학교 형태로 운영하고 있다. https://www.edunavi.kr/

수준 교육과정에서 제시하고 있는 성취 기준에 근거하여 교육과정을 재구성하여 프로젝트 기반 수업과 토의 토론 수업을 중심으로 진행하고 있다. 대구 시내 중학생 중 희망자를 대상으로 30명을 모집하여 위탁형 교육을 실시하고 있으며, 학기별로 자유 의사에 따라 수업에 참여할 수도 있고, 원적교로 돌아 갈수도 있다. 학생들과 학부모들의 만족도가 높아서 대기자도 있는 상황이다. 현재 별도로 선발된 6명의 교사가 활동하고 있고, 학생 수 증가에 따라 추가로 모집할 계획도 가지고 있다. 참자람 교실은 교육청 주관 프로그램이기 때문에 교육청 뿐 아니라 산하 교육연구정보원에서도 연구하고 있고, 추후 일반화 과정도 염두해 두면서 진행하고 있다.

미래형 학교로 전환하다?

학교를 미래형 학교로 전환하기 위해서는 학교 구성원들이 학습과 토론 과정을 통해 함께 학교를 만들어가야 한다. 하지만 현재 학교를 무크, 미네르바 스쿨, 칸 아카데미 등과 같은 형태로 당장 바꾸자는 말은 아니다. 이와 같은 형태가 아니더라도 현재 학교 문화를 비판적으로 성찰하고, 학생들의 배움 증진을 위해 끊임없이 혁신하는 학교가 진정한 미래형 학교다.

대상 학생들의 특성과 수준에 따라 학교 방향과 컨셉이 달라질 수 있다. 학교 부적응 학생을 위한 학교가 영재 학교보다 더 좋은 학교라고 쉽게 판단할 수 없다. 학교 대상 학생에 따라 학교의 교육과정을 다양하게 운영될 수 있어야 한다.

미래형 학교는 느리더라도 집단 지성에 기초하여 운영하는 학교, 진정한 배움을 위해서 학교 구성원들이 사서 고생할 수 있는 학교이다. 즉, 미래형 학교는 함께 연구하고 토론하고 실천하고 반성하면서 시대의 변화와 학생들의 요구에 맞추어 학교를 운영해야 한다.

미래형 학교로 전환하기 위해서는 미래형 교육과정을 구성하여 운영할 수 있어야 한다. 미래형 교육과정을 디자인할 때는 먼저 학교 구성원들이 미래 교육에 대한 학습과 토론을 통해 학교 철학을 함께 만들어가야 한다. 파커 파머가 말한 학습 공동체 모델이 학교 의사 결정에서 구현되어 학교 구성원들이 함께 교육과정을 만들어갈 수 있어야 한다.

미래형 학교 교육과정 디자인의 단계

미래형 학교 교육과정을 디자인하기 위한 일반적인 단계는 다음과 같다.[43]

> 기존 학교 문화 성찰하기 → 학교 철학과 비전 세우기 → 핵심 가치와 세부 가치 세우기 → 핵심 역량 세우기 → 구현 중점 세우기 → 세부 내용 및 실천 과제 → 시간 운영 계획(타임 라인) 세우기 → 교과별 시간 배당 및 편성 방안 → 학교 교육과정 운영 → 평가 → 피드백

---

43) 박승열 외(2018), "미래 교육을 디자인하는 학교 교육과정", 살림터

■ 기존 학교 문화 성찰

미래형 학교 교육과정을 만들기 위한 첫 걸음은 기존 학교 문화나 운영 상황을 냉철하게 분석하는 것이다. SWOT 분석을 통해 학교의 장점과 단점, 외부의 기회와 위협을 정리하면 좋다. 학교 문화나 운영에 대한 성찰을 통해 우리 학교가 덜어내기와 더하기할 부분이 무엇인지 정리한다. 그리고 우리 학교 학생들의 특성을 분석하고, 학생들의 요구에 대하여 우리 학교가 어느 정도 만족하고 있는지를 확인할 필요가 있다. 그리고 시대적 흐름과 사회적 요구 (중학교 자유학기제나 고교 학점제) 등을 어떻게 대응하고 있는지를 살펴볼 필요가 있다. 다음 사례는 인문계 고교인 K고교 사례이다.

< SWOT 분석 >

강점(내부)	약점(내부)
1. 교사들의 교육 경험이 풍부함 2. 학교 시설이 좋음 3. 아직까지 대입 입시 결과도 좋음 등	1. 교사들의 연령대별 소통이 잘 이루어지지 않음 2. 수업 방식이 전통적 수업 방법에 머무르고 있음 3. 학교 예산이 풍부하지 않음 등
기회(외부)	위협(외부)
1. 교육청 차원에서 혁신 교육 정책이 이루어지고 있음 2. 지역사회에서 우리 학교에 대한 기대가 높고 인정받고 있음 등	1. 학생 수 감소 현상으로 인하여 학생 모집이 쉽지 않음 2. 동일 지역 내 다른 경쟁 학교들이 열심히 노력하고 있음 등

[덜어내기]

- 전통적 교수학습 방법, 학기 중 90% 강의식 수업

- 형식적인 교육과 행사

- 교문에서의 생활지도

- 보직교사에 대한 점진적인 세대 교체가 필요함

- 학생들의 복장규정에 대한 이행을 강조하기 보다는 과감하게 없
  애고 자유로운 분위기를 만들고 학생과 교사간의 갈등이 없었으
  면 좋겠음

- 실질적인 업무 간소화

- 기숙사 폐지하고 다른 공간으로 활용

[더하기]

- K고의 정체성 확립과 학생들에 맞는 교육과 생활지도의 변화

- 정기적인 소통의 시간이 필요함

- 수업 연구 및 수업 혁신

- 학교의 비전 재설정, 교사 사명교육 실시

- 학생들이 동아리 활동을할 수 있는 공간이 필요

[학생들의 요구]

- 급식에 더 힘을 쏟아주세요.

- 특별한 활동이 많았으면 좋겠습니다.

- 생기부 신경 써 주세요.

- 일부 학생들에게 편파적으로 몰아주기 현상이 있는 것 같다.
- 바쁜 거 정말 잘 알고 있습니다. 부디 무엇 때문에 바쁜지 아시고 최선을 다해주세요.

■ 학교 철학과 비전 세우기

학교 철학은 학교장의 철학이 아닌 학교 구성원 모두가 공감하고 말할 수 있는 철학이다. 이미 세워진 학교 철학이라도 수시로 점검하고 다듬을 필요가 있다. 학교 철학이 세워지면 이를 토대로 중장기 발전 계획을 만들고, 그에 맞는 비전 등을 제시해야 한다.

[학교 철학 사례]
◦ 이우중고등학교 : 21세기 더불어 사는 삶을 실천하는 인간
◦ 풀무농업기술학교 : 더불어 사는 평민
◦ 서정초 : 더불어 행복한 삶을 사는 문화인 등
[교사상 사례]
◦ 교사가 자발적으로 전문성을 실현하는 학교 등
[학생상 사례]
◦ 모든 학생이 꿈을 키워가는 학교 등
[학부모상 사례]
◦ 학부모와 지역 사회가 참여하며 성장하는 학교 등

■ 핵심 가치와 세부 가치

학교 철학과 비전에 따라 핵심 가치와 세부 가치를 세워나간다.

(예 : 소통, 공감, 상생, 존중, 협력, 생태 감수성, 자기 관리, 통합 등)

■ 핵심 역량

2015 국가 수준 교육과정에서는 자기 관리 역량, 지식 정보 처리 역량, 창의적 사고 역량, 심미적 감성 역량, 의사소통 역량, 공동체 역량 등 6대 핵심 역량을 제시하고 있다. 학교 수준 교육과정에서는 실현 가능한 핵심 역량을 선택하여 집중해야 한다. 이때는 많은 역량을 제시하기보다 3-4가지를 선택하는 것이 좋다. 국가 수준 교육과정에서 제시하고 있는 핵심 역량을 선택할 수도 있고, 자체적으로 선정할 수도 있다.

■ 구현 중점

학교 차원에서 핵심 가치와 역량을 발휘할 수 있는 구체적인 학교 교육 프로그램을 정하여 운영한다. 가급적 구체적이고 기억하기 좋은 프로그램을 정하면 좋다. 학교의 역량은 제한되어 있으므로 모든 것을 다 잘하려고 하기보다는 할 수 있는 것에 집중하는 것이 좋다.

(예 : 1년 1인 10권 독서 운동, 1인 1기 교육, 생활관 교육 프로그램,
3무 운동, 학생 자치 법정 등)

■ 세부 내용 및 실천 과제

학교 교육과정에 따라 구체적으로 실천할 수 있는 다양한 세부 내용과 실천 과제를 정한다.

(예 : 독서 마라톤 대회, 방과후 1인 1악기, 1종목 운동 하기 등)

■ 시간 운영 계획 (타임라인)

월별, 날짜별로 학교 교육과정과 행사 등을 시간 운영 계획표로 정리한다. 특정 시기에 교육 활동과 행사가 몰리지 않고 조절한다.

■ 교과별 시간 배당 및 편성 방안

각 교과별 수업 시간, 창체 등 다양한 수업 시간표를 구체적으로 편성한다. 중등 학교의 경우, 특정 교과가 이익이나 손해를 보지 않도록 세심한 배려가 필요하다. 학생들의 요구에 따라 과목을 개설하거나 자기주도형 교육과정을 만들어 운영할 수 있다.

■ 학교 교육과정 운영

학교 교육과정에 따라 실제로 교육 활동을 운영한다. 교육과정은 탄력적으로 운영하고 수시로 보완을 하는 것이 좋다.

■ 평가

1분기, 1학기, 1년 등 정기적으로 학교 교육과정 운영에 대하여 평가 활동을 진행한다. 자체적으로 할 수도 있고, 외부 전문 컨설팅 기관에

의뢰하여 평가를 받을 수도 있다.

<K고 평가 사례 >

분야	빈도(명)	퍼센트
남다른 학교 교육 철학 및 사립학교의 장점	104	14.79
전반적인 학교 교육과정 운영	75	10.67
K고교만의 특색화된 프로그램 (학습코칭 등)	162	23.04
우수한 교사진	63	8.96
다양한 수업 방법 및 평가	50	7.11
생활지도 방식	62	8.82
방과후 활동	61	8.68
입시 지도	33	4.69
학교 시설	75	10.67
기타	18	2.56
전체	703	100.00

< 학교 중점 발전분야 >

분야	빈도(명)	퍼센트
현재 중점 사업의 강화	14	3.9
학교 운영 철학의 점검 및 공유	34	9.6
새로운 교육과정의 변화(학점제 도입, 교육과정-수업-평가-기록의 일체화 등)	98	27.5
수업 방법 개선 및 교사의 역량 강화 (연수, 컨설팅, 코칭 등)	108	30.3
전통식 입시 위주의 교육 방법 강조	8	2.2
과감한 예산 확충	30	8.4
학생 생활 지도방식 개선 및 학생 자치 활성화	39	11.0
기타	25	7.0
전체	356	100.0

< 응답대상에 따른 다양한 변인의 차이검증 결과 >

배경변인	구분	N	평균	표준편차	F
운영 철학 이해 정도	부장교사	10	4.60	0.70	18.220***
	교사	48	3.69	1.07	
	학생	82	2.71	1.13	
	학부모	205	3.00	0.92	
	전체	345	3.07	1.06	
학교 운영 철학 공유정도	관리자	4	3.50	1.00	8.551***
	부장교사	10	3.90	0.88	
	교사	47	3.13	1.17	
	학생	82	2.43	1.01	
	학부모	205	2.89	0.88	
	전체	348	2.85	1.00	
교원 연수 참여 정도	관리자	4	3.50	0.58	4.212*
	부장교사	10	4.50	0.53	
	교사	48	3.88	0.73	
	전체	62	3.95	0.73	
학생 수업 만족도	관리자	4	4.00	0.00	4.474**
	부장교사	10	3.80	0.42	
	교사	48	3.79	0.74	
	학생	82	3.27	0.99	
	학부모	205	3.35	0.80	
	전체	349	3.41	0.85	
학생 생활 지도 문제 정도와 만족도	관리자	4	3.75	0.96	2.792*
	부장교사	10	2.80	0.79	
	교사	48	3.31	1.07	
	학생	82	3.17	0.91	
	학부모	204	3.43	0.70	
	전체	348	3.34	0.83	
입시 지도 방식과 결과 만족도	관리자	4	2.75	0.50	6.759***
	부장교사	10	3.80	0.79	
	교사	48	3.29	0.87	
	학생	82	2.67	0.90	
	학부모	205	2.91	0.83	
	전체	349	2.93	0.88	
의견 반영 정도	부장교사	10	4.20	0.92	8.482***
	교사	46	3.15	0.99	
	학생	82	2.89	0.89	
	학부모	204	3.15	0.70	
	전체	342	3.12	0.82	
교육과정 운영 만족도	부장교사	10	4.00	0.67	7.205*
	교사	48	3.17	0.93	
	전체	58	3.31	0.94	

■ 피드백

평가 결과에 따라 후속 조치를 시행 한다.

[K고 사례]

1. 교사 간 소통의 공간 필요 및 정기적인 소통과 공간 마련.

- 교사들 간의 소통 공간이 부족함을 이야기함.
- 학교 교육과정 상 교사 간 소통 공간의 시간을 정기적으로 확보
  하는 노력이 필요함.
- 교사들의 건의 사항이 실질적으로 반영될 수 있도록 노력하고
  어떻게 처리되고 있는지 피드백 하도록 함.
- 전 교사들의 참여와 의사소통을 통해 갈등 예방 및 해소 노력 필요.

2. 교사의 수업 역량 신장을 위한 노력 필요

- 교사들의 인식에 비해 학생들의 수업 만족도가 낮은 편.
- 학생들의 수업 만족도를 올릴 수 있도록 다양한 수업 방법 개선
  노력이 필요함.
- 수업 코칭 프로그램 도입 및 수업 관련 연수 등이 필요.
- 학교 안 수업 공동체 활성화 및 지원 방안 필요.

3. K고만의 특색화된 교육과정 점검 및 보완 필요

- 학교 특색 프로그램인 학습 코칭 프로그램 등에 대한 만족도가
  높은 편이나 운영 방식 등을 수정 보완할 필요가 있음

고교 학점제 등 학생들의 만족도를 올릴 수 있는 방안을 고민해야 함 – 교육과정 개선을 위한 자체 테스크 포스팀 필요.

4. 입시 지도 문제

- 교육과정-수업-평가-기록의 일체화를 통해 학생생활종합기록부 작성 방법 보완 필요.
- 고3 담임 교사의 입시 컨설팅, 진로 진학 코칭 역량을 배가할 수 있는 방안이 필요함.

5. 학교 업무의 덜어내기와 더하기의 조화

- 불필요한 업무를 줄이고 교육의 본질에 맞는 교육 활동을 고민하여 도입할 필요성이 있음.
- 인사 배정의 형평성 문제, 인사 관리의 투명성 확보 등으로 인사 문제로 인한 갈등을 최소화할 필요가 있음.

6. 예산의 확보 및 학부모 참여, 지역사회와의 연계

- 예산 확보 노력 및 제한된 예산을 효과적으로 활용하는 방안 모색 필요
- 학부모들의 학교 활동 참여 및 실질적인 의사 소통의 기회 마련하기.
- 지역 사회와의 소통과 네트워크를 활성화하기
- 마을 공동체 사업에 대한 고민도 필요함

미래형 학교 교육과정 디자인의 사례

　최근 고교 학점제를 통해 개별 맞춤형 교육과정과 특색 과목이 개설되고 있는 상황이다. 특성화 고교 등 일부 고교에서는 인공지능 관련 과목, 직업 전공 관련 과목 등이 새롭게 개설되어 운영되고 있다. 그런데 이제는 초등학교와 중학교 과목 신설을 통해 교육과정 다양화가 이루어질 수 있어야 한다. 이미 혁신학교 등 자율학교는 20% 정도 교육과정 자율권을 가지고 있다. 무학년제, 학점제 운영을 위해서는 중학교 단계부터 학생 교과 선택권을 확대하는 정책이 필요하다. 중학교에서는 자유학년제와 연계하여 주제선택활동으로 진행할 수 있다. 주제선택활동을 넘어 신설 과목을 만들어 운영하는 노력이 필요하다. 학생 개별 진로와 연계되고 성장단계 수준에 맞는 학생주도의 다양한 중학교 교과 과목 개설이 필요하다. 융합교육 확산을 위해서도 현재 중학교 고시 과목과 차별화된 프로젝트형 과목 개설이 필요하다.

　이미 서울의 창덕여중의 경우, 2016년 서울시교육청으로부터 인가를 받아 "짝토론" 과목을 개설하여 현재 운영 중이다. 하브루타 토론을 기반으로 해서 프로젝트 수업 등 다양한 수업방법을 활용하여 교사들의 집단 지성을 통해 과목을 신설하여 운영하고 있다. 특정한 교사가 담당하여 운영하는 것이 아니라 16명의 교사가 4인 1팀으로 구성하여 범교과적으로 공동 수업디자인을 하여 운영하였다. 2020년의 경우, 1학년은 독서토론과 인권, 전문가 연계 프로젝트 수업을 진행하였고, 3학년은 환경과 미디어 리터러시를 주제로 수업을 진행하였다.

2021년에 개교한 경기도 군서미래국제학교(www.gfis.sc.kr)는 경기도 교육청에서 주관하여 만든 공립형 미래대안학교이다. 폐교된 학교를 리모델링하여 다문화학생들을 중심으로 통합학교로 운영하고 있다. 학교 철학과 방향에 맞게 33개 신설 과목을 만들어 운영하고 있다. 우리 시대 고전 읽기, 창의적 미디어 읽기, 영어 리딩, 기초 영어 회화, 자신감을 키우는 영어 발표, 유희 수학, 기초 수 리터러시, 빅데이터로 세상 이해하기, 수학으로 세상 이해하기, 시흥과학실험, 과학자 따라잡기, 그린 에너지, 난타연주, 난타창작, 음악치유, 세계음악여행, 중국음악, 러시아음악, 예술과 문화, 창작과 공작, 러시아 문화권 국가 이해, 러시아 사회문화 심층탐구, 중국 문화권 국가 이해, 중국 사회문화 심층탐구, 시흥 디자인, 지역교육봉사, 위기대처, 세상의 문제를 해결하는 체인지메이커, 창업, 학교자치빅게임, 미래와 첨단기술, 스마트팜, 품앗이 여행 등이다. 경기도교육청의 경우, 초중통합학교, 중고통합학교, 미래국제학교(다문화), 신나는 학교, 생태숲 미래학교 등 5개 유형의 경기미래학교 정책을 추진하고 있다.[45]

충북교육청의 경우, 개인맞춤형 교육과정의 단재고, 치유성장형 교육과정의 은여울고, 역량충전형 교육과정의 목도전환학교 등이 추진되고 있다. 미래학교 유형에 따라 그에 맞는 다양한 교육과정과 과목이 설치되어 운영될 예정이다.[46]

---

45) 경기도교육청(2020), '2030 미래교육을 담는 경기미래학교' 공문
46) 충북교육청(2021), '사람중심 미래교육' 보고서

미래형 학교 교육과정 디자인을 위한 교사 학습 공동체 활동

　현재 미래형 학교로서 교육과정 디자인을 잘하고 있는 학교들의 사례[47]를 살펴보면 교사학습공동체가 발달되어 있다는 것을 알 수 있다. 교사 학습 공동체란 '교사의 전문성 신장과 학생 학습 증진을 위하여 비판적으로 탐구하고 협력적으로 실천하며 끊임없이 실천하는 교사들의 결속체'라고 할 수 있다.[48] 교사들이 학습을 목적으로 일정한 공간에 모여 함께 유대를 맺고 상호 작용하며 성장해가는 공동체이다.[49] 교육 활동에 있어서 문제 해결을 위한 학습과 교육 개선을 위한 현장에서의 실행을 위한 공동 논의가 이루어지는 집단을 말한다.

　교사 학습 공동체는 다음의 전제를 가지고 있다. 첫째, 교사의 학습은 일방적인 전수가 아니라 자유로운 교류와 공유를 통해 이루어진다. 둘째, 교사의 학습은 교직 전문 지식을 흡수, 축적하는 방식이 아니라 비판적인 탐구를 통해 이루어진다. 셋째, 교사의 학습은 교사 개인의 전문성 신장은 물론 교사 학습 공동체 공동의 집단 전문성 신장을 목적으로 하며 궁극적으로 학생들의 학습 증진을 목적으로 한다.

　교사 학습 공동체를 통해 교사들은 집단 지성을 경험하고 이를 통

---

47) 혁신학교 우수학교(남한산초, 서정초, 덕양중, 흥덕고 등)들은 대부분 학교 안 교사학습공동체가 활성화되어 있다. 또한 학교 교육과정 안에 교사학습공동체 시간이 별도로 배정되어 정기적으로 교사들이 연구하고 실천하고 반성하고 토의할 수 있는 공간이 마련되어 있다.

48) 서경혜(2015), "교사학습공동체", 학지사

49) 김연주(2011), '학교 밖 교사학습공동체 리더들의 교사 리더십 연구', 서울대 대학원 석사학위 논문

해 학교 교육과정을 구현할 수 있다. 집단 지성은 모두에게 분산된 지성, 끊임없이 진화하는 지성, 실시간으로 조정되는 지성, 유감없는 기량 발휘로 나타나는 지성을 말한다.

교사 학습 공동체는 학교 교육과정에 대해 연구하고 실천하며 반성해야 한다. 학교 구성원들의 고민과 연구를 바탕으로 학교 교육과정을 운영해야 제대로 운영할 수 있기 때문이다.

S고교의 경우 고교 학점제를 도입하면서 약 1년의 준비 기간을 갖고 미래형 학교 교육과정 디자인을 했다. 전체 교사들이 모여 학교 교육과정 워크숍과 토론회를 가지며, 미래형 교육과정의 방향과 학교 교육과정 운영상의 문제점과 해결 방안 등에 대해 논의했다. 또한 학생이나 학부모들의 설문조사를 토대로 함께 고민하는 시간을 갖고, 이를 토대로 우수 학교 연구팀, 학점제 연구팀, 생활 지도, 학교 철학팀 등의 형태로 교사 학습 공동체를 조직하였다. 각 교사 학습 공동체는 학기 중 격주로 모이면서 치열하게 고민하고 토론했으며, '교사의 날'을 정해 우수 학교들을 탐방하며 질문과 토의를 하는 시간을 가졌다. 그리고 이러한 연구 성과들을 전 교사 대상으로 워크숍에서 발표하고 토론하면서 쟁점들과 대안들을 모색하여 정리 했으며, 이를 토대로 부족한 부분들을 방학 중 집중 연수 과정으로 구성하여 전 교사 대상으로 연수를 실시했다. 새 학기 시작 전에 전체 학부모들을 대상으로 학교 교육과정 설명회를 개최했고, 이를 통해 학부모들의 의견을 받아 학교 교육과정을 최종 수정 보완했다.

그렇게 준비했음에도 학점제를 실제 도입하면서 예상치 못했던 문제들이 발생했다. 하지만 그동안의 교사 학습 공동체를 통해 쌓은 지식과 경험이 있었기에 문제를 잘 극복할 수 있었다.

학교 교육과정을 위한 교사 학습 공동체를 잘 운영하려면 일상에서 다양한 교사 학습 공동체가 잘 운영되어야 한다. 수업 친구, 수업 수다, 독서 토론 모임, 수업 나눔, 공동 수업디자인 모임 등 다양한 유형의 교사 학습 공동체들이 활성화되면 좋다.[50] 교사의 교육과정 기획력과 전문성은 교사 학습 공동체를 통해 신장시킬 수 있다.

미래형 학교 교육과정 디자인을 위한 교사 워크숍 프로그램

필자들은 한국교육과정평가원과 더불어 <교육과정 재구성 워크숍 모델>을 연구 개발했다.[51] 이 모델은 총 5개 모듈의 워크숍으로 구성되어 있다. 이 워크숍의 목적은 다음과 같다.

첫째, 학교 구성원간의 소통과 비전 공유를 통한 학교 공동체 세우기이다. 이는 학교 문화와 철학을 되돌아보고 문제 지점에서 성찰하는 것에서부터 시작된다. 공동체적 성찰은 학교 수준의 교육과정 재구성의 중요한 기초가 된다.

둘째, 학교 구성원들 간의 교육 철학과 교육 핵심 가치, 그리고 공동체상과 학생상의 공통 분모를 바탕으로 한 철학적 기초 탐색이다.

---

50) 김현섭(2018), "수업 공동체", 수업디자인연구소

51) 한국교육과정평가원, 교사의 학교 수준 교육과정 편성·운영 역량 강화 방안(II) (RRC 2014-9-1)

셋째, 학교 철학을 토대로 해당 학교의 중점 교육과정이나 학사 시스템 전반의 변화에 대해 논의하는 장의 마련이다.

모듈명	교육 내용	방법	자료	시간
1. 학교, 다시 보기	1. 공동체 세우기 ◆ 모둠 세우기, 공동체 세우기 ◆ 학교 피로, 수업 피로, 　공감 피로 ◆ 치유와 회복하기 2. 학교 다시 보기 ◆ 미래 교육 강의 ◆ 좋은 학교 사례 발표 　(혁신 학교, 대안 학교 중심) ◆ 우리 학교 분석하기 3. 마음 열고 함께 부르기 ◆ 나에게 학교란? ◆ 노래 부르기 "아름다운 세상"	모둠 세우기 공동체 세우기 돌아가며 격려하기 강의 분석하기 모둠 문장 만들기 함께 부르기	 좋은 학교 사례 자료 SWOT 분석틀 모둠 문장 틀	4 시간
모듈의 목적	학교 교육과정 역량 강화는 공동체 세우기 활동과 치유, 회복의 단계로부터 시작된다. 좋은 학교 사례를 통해 큰 그림을 그리며, 자기 학교 교육과정을 SWOT 분석틀로 분석하고 이를 통해 학교 철학과 가치 그리고 교육과정을 다시 바라보도록 하는 것이 목적이다. 이는 본 워크숍의 필요성에 대한 동기 유발 모듈이다.			
2. 학교 문화 성찰 하기	1. 학교 문화 성찰하기 ◆ '왜?' 　우리 학교 문화를 성찰하기 2. 좋은 학교 문화 사례 보기	강의 모둠 활동 초청 강의	동영상 모둠 '왜'질문지 강의 자료 동영상 자료	3 시간
모듈의 목적	학교 문화의 여러 모양에 관해 성찰적 혹은 비판적 질문을 던지며 기존 학교 문화를 새롭게 바라보고, 학교의 낡은 문화 가운데 바꾸어야 할 지점들을 확인한다.			

모듈명	교육내용	방법	자료	시간
3. 학교가 달라졌어요	1. 학교 소통 문화 엿보기 ◈ 협력과 소통의 학교 문화 사례 제시 (소통 문화 관련) 2. 학교 상호 소통 문화 바꾸기 ◈ 집단 지성을 활용한 회의법 실습	초청 강의 집단 지성 회의법 실습	아이스 브레이킹 오픈 스페이스 월드 까페 써클 회의법	3 시간
모듈의 목적	학교의 의사소통 문화의 변화를 위해, 교직 문화, 생활 지도, 학생 자치 문화, 수업 문화 등에 관해 회의하며, 이를 통해 새로운 의사소통 문화를 경험한다.			
4. 우리 학교, 철학과 가치 다시 보기	1. 우리 학교가 지향하는 철학과 가치 2. 가치 갈등 상황을 통해 철학 다시 보기 3. 우리 학교 철학 기초 탐색하기 4. 좋은 학교의 철학 분석하기	강의, 모둠 활동 갈등 사례 토론 모둠 활동 과제 분담 학습 활동	PPT 교육과정 분석틀 활동지 – '이럴 때 어떻게 하지 ?' 변천사 그래프 과제물	3 시간
모듈의 목적	추상적인 혹은 교육과정에 충분히 반영되지 못하거나 충돌하는 학교 철학의 문제를 다룬다. 구성원의 교육 철학과 가치의 차이로 발생하는 문제를 해결하기 위해 다양성을 존중하는 가운데 통일성을 추구해야 한다. 　이번 모듈의 목표는 다음 세 가지이다. 첫째, 학교의 철학과 가치를 명료화하고 이를 통해 학교 교육과정을 분석하고 평가한다. 둘째, 학교에서 일어날 수 있는 가치 갈등 상황을 통해 학교 철학과 가치에 대해 점검한다. 셋째, 각 교사의 철학과 가치를 생애사 나눔 과정을 통해 나누고 다양성과 통일성의 조화를 고민한다. 넷째, 좋은 학교 사례 분석을 통해 해당 학교의 철학과 가치를 분석하고 우리 학교의 철학과 가치를 어떻게 세울지 고민한다.			

모듈명	교육내용	방법	자료	시간
5. 우리 학교 철학과 교육과정 다시 세우기	1. 우리 학교 철학 세우기 ◆ 학교 철학과 가치 ◆ 추구하는 학생상 ◆ 핵심 가치 역량 정하기 2. 핵심 가치 역량 중심으로 학교 교육과정 재구성하기 3. 좋은 학교를 위한 시스템 고민하기 ◆ 학년 협의회, 교과 협의회, 혁신 학년제 ◆ 고교 학점제, 혁신 교육 연구소 등 4. 꿈꾸는 학교를 만들기 위한 덜어내기와 더하기 ◆ 불필요한 업무와 관행을 덜어내기 ◆ 가치를 위한 더하기 ◆ 예상되는 문제와 해결 방안 5. 모둠별 최종 발표 및 피드백 ◆ 전시장 관람 발표	강의 프로젝트 활동 전시장 관람 구조	가치 틀거리	4 시간
모듈의 목적	연수를 통해 고민한 것을 정리하면서 학교 철학과 가치를 구체적으로 학교 교육과정에 반영되도록 실습해 본다. 이번 모듈의 목표는 다음 세 가지이다. 첫째, 학교 철학과 가치를 세우고 핵심 가치를 중심으로 교육과정을 구성한다. 둘째, 좋은 학교를 구성하고 유지할 수 있는 시스템을 구축하는 방안을 모색한다. 셋째, 불필요한 관행과 업무를 덜어내고 핵심 가치에 집중해 업무를 재배치한다. 이 과정에서 발생할 수 있는 문제점과 해결 방안도 미리 고민한다. 넷째, 모둠별 발표 및 피드백을 통해 상호 점검, 보완한다.			

강점(내부)	약점(내부)
1. _____	1. _____
2. _____	2. _____
3. _____	3. _____
기회(외부)	위협(외부)
1. _____	1. _____
2. _____	2. _____
3. _____	3. _____

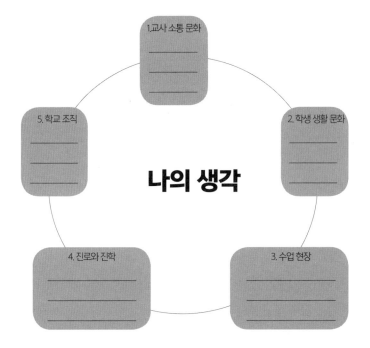

■ 덜어내기 :

■ 더하기 :

함께 학교 철학 세우기

구분	내용
우리 학교 교훈	
우리 학교 철학	
내가 생각하는 교육적 핵심 가치	
내가 생각하는 학생상	
내가 생각하는 교사상	
내가 바라는 핵심 역량	
우리 학교에서 꼭 해보면 좋겠다고 생각하는 교육 프로그램	
기타 및 학교에 바라는 것	

12장.
미래형 교육과정 재구성을 실천하다.

12장. 미래형 교육과정 재구성을 실천하다.

교육과정 재구성의 유형

　교육과정 재구성은 다양한 방식으로 진행된다. 가장 손쉬운 방법은 교과 내 재구성 형태로 교사 개인이 학습지를 구성하여 활용하는 것이다. 교사 학습 공동체나 학년, 학교 차원에서도 범교과적 재구성을 시도할 수도 있다. 교육과정 재구성의 유형은 재구성의 주체, 과목 범주, 시기 및 공간 등의 기준에 따라 구분된다. 이를 정리하면 다음과 같다.

■ 교사 개인 차원과 교사 간 재구성 (재구성의 주체)

　[교사 개인 차원 교육과정 재구성]
　– 교사 개인의 철학과 전문성을 토대로 재구성하기
　– 교과 내 재구성(초중등), 범교과적 재구성(초등)

　[교사 간 교육과정 재구성]
　– 학년 차원에서 재구성 (초중등)
　– 동 교과 차원에서의 재구성 (중등)
　– 학교 차원에서의 재구성 (초중등)

■ 교과 내 재구성과 범교과적 재구성 (과목 범주)

[교과 내 재구성]

- 학습 수준을 고려한 학습 목표 및 성취 기준 조정

- 핵심 역량 강화를 위한 성취 기준 재설정

- 창의 인성 교육 강화

[범교과적 재구성]

- 교과 간 통합 : STEAM (수학, 과학, 미술, 기술가정),

  주제 중심 (사랑, 물 등), 교과군 통합 (사회–도덕, 과학–실과/기술)

- 교과목수 축소 : 예술 교과 등 집중 이수제

- 교과 간 병합 : 학습 내용을 연계할 필요가 있거나 주제가 비슷한

  경우 과목 수업 시간을 전후로 배치

- 교과와 비교과 간 재구성 : 교과 시간과 비교과 시간을 연계함

■ 학교 행사 및 특정 시기 대비 재구성과 특별 교실 활용 재구성 (시기 및 공간 문제)

[학교 행사 및 특정 시기 대비 재구성]

- 학부모 공개 수업, 축제나 학예회, 체육 대회 등 학교 행사에 맞추어 교육과정 재구성

- 학기 초나 학년 말 학년 교육과정 운영 : 학기 초 신입생 대상 오리엔테이션 프로그램, 기말고사나 입시 이후 징검다리 교육과정

[특별 교실 활용 재구성]

 - 운동장, 강당 등의 공간 활용 체육 수업, 과학실, 미술실, 기타 특
   별 교실 활용 수업
 - 특별 교실을 최대한 활용할 수 있는 수업

교과 내 재구성

　교과 내 재구성이란 교과목 안에서 교육과정을 재구성하는 것이 가장 일반적이면서도 손쉽게 시도할 수 있는 접근 방식으로, 중등학교의 경우 교사 개인 차원에서 시도할 수 있다. 교과 내 재구성의 절차는 다음과 같다.

　1. 배경 분석

■ 학습자 분석

 - 학업 성취도 수준, 학습 의욕 등

■ 수업자 분석

- 교사의 교수 유형, 역량 등

■ 학부모 요구

- 다양한 학부모들의 요구 고려

■ 지역 사회의 교육 환경 및 학습을 위한 물적, 인적 자원 분석

- 지역 사회의 요구와 교육 환경, 수업을 위한 물적, 인적 자원 지원
  상황 고려

2. 교육과정 분석

■ 국가 수준, 지역 수준, 학교 수준 교육과정 분석

■ 교과서 및 교사용 지도서 분석

■ 교과별 교육과정에서 제시하고 있는 성취 기준 분석

3. 재구성 유형 결정

■ 학습 수준을 고려한 학습 목표 조정 (학교별, 교실별 학습 수준 등)

■ 핵심 역량 강화 (공동체 역량 강화 등)

■ 프로젝트 수업 (프로젝트 주제에 따른 다른 학습 단원 조정)

■ 학습 주제와 시기 고려 (학교 행사, 답사 등) 등

4. 핵심 질문 만들기

■ 성취 기준을 고려한 핵심 질문 만들기

- 백워드 설계 및 이해 중심 교육과정 강조

- 평가를 염두에 두고 만들 것

■ 학습 목표를 중심으로 한 핵심 질문 만들기

- 학습 목표를 질문 형태로 만들기

- 핵심 질문은 수업 디자인의 기본 뼈대 역할을 함

5. 교과 내용 재구성

■ 재구성할 학습 요소 선정

■ 교사 수준의 1차 재구성, 학습자 수준의 2차 재구성

■ 단원 학습 나열 후 분류 및 배열

■ 교과 지도 계획 수립

■ 내용 재구성 결과 점검

■ 타 교과 간 학습 내용 연계성과 통합 고려

6. 교수 학습 방법 및 평가 계획 수립

■ 교수 학습 방법 디자인

■ 교수 학습 과정안 작성

■ 학습지 만들기

■ 성취 기준에 근거한 평가 계획 수립

7. 실천 및 피드백

■ 교육과정을 수업을 통해 실천하기

■ 수업 후 반응 및 학습 결과물 정리

■ 재구성에 대한 피드백 활동

핵심 질문 기반 교과 내 재구성의 이해

교육과정을 재구성할 때는 핵심 질문을 기반으로 하면 좋다.[52] 핵심 질문이란 교육과정에서 핵심적으로 가르쳐야 할 지식과 가치를 질문으로 표현한 것이다. 학습 목표를 질문 형태로 제시하는 것에는, 수업은 정답을 제시하는 것이 아닌 해결책을 모색하는 것이라는 의미가 담겨 있다. 핵심 질문 만들기는 어떤 유형의 교육과정 재구성에서나 보편적으로 활용할 수 있는 접근법이다.

핵심 질문을 만들 때는 먼저 학습 목표를 질문 형태로 바꿔야 한다. 이때 질문은 학습자의 입장에서 매력적이고 구체적인 형태가 되어야 한다. 질문이 구체적일수록 구체적인 답변을 이끌어 낼 수 있다. 역량 중심 수업에서는 성취 기준이 중요하므로, 핵심 질문도 이에 걸맞게 만들면 좋다.

[핵심 질문 사례] [53]
■ 학습 주제
- 다문화 사회에서 발생하는 갈등 (중1 도덕과)
■ 학습 목표
- 다문화 사회에서 발생하는 갈등을 이해하고 이를 해결하는 자세를 갖는다.

---

52) 김현섭(2015), "질문이 살아있는 수업", 수업디자인연구소
53) 수업디자인연구소(2019), "질문이 살아있는 도덕 수업", 비상교육

■ 학습 목표를 질문으로 전환하기

- 다문화 사회에서 발생하는 갈등을 어떻게 해결할 것인가?

■ 구체적인 질문으로 수정하기

- 우리나라에서 발생하고 있는 다문화로 인한 갈등을 어떻게 해결

하면 좋을까?

핵심 질문만으로는 수업을 진행하기 어렵다. 재구성한 교육과정을 수업으로 구현하고자 한다면 흥미를 유발하는 출발 질문, 내용 이해를 돕는 전개 질문, 지식을 심화하거나 적용할 수 있는 도착 질문도 만들어야 한다.[54]

핵심 질문	수업단계		특징
출발 질문	도입	마음 열기	■ 학습 흥미 유발 ■ 학생들의 지적 호기심 유발할 수 있는 매력적인 질문 ■ 열린 질문 ■ 선지식이 없어도 말할 수 있는 질문
전개 질문	전개	생각 키우기	■ 학습 내용을 이해할 수 있도록 도와주는 질문 ■ 지식과 이해와 관련된 질문 ■ 닫힌 질문
도착 질문	마무리	생각 넓히기	■ 지식과 삶을 연결하기 ■ 적용, 분석, 종합, 비판과 관련된 질문
		삶에 반응하기	■ 열린 / 발산적 질문 ■ 전개 질문을 이해해야 답변할 수 있는 질문

---

54) 김현섭(2015), "질문이 살아있는 수업", 수업디자인연구소

[출발 질문 사례]

■ 한류 팬 그룹과 혐한 그룹이 같은 장소에서 TV를 보고 있는데 K-POP이 나온다면 어떤 일이 생길까?

■ 자기 아이의 머리를 쓰다듬는 옆집 아주머니에게 태국인 아버지가 화를 낸 이유는 무엇일까?

[전개 질문 사례]

■ 다문화 사회라는 말의 의미는 무엇인가?

■ 다문화 사회에서 갈등이 발생하는 이유는 무엇인가?

■ 다문화 사회에서 발생하는 갈등을 해결할 수 있는 방안은?

[도착 질문 사례]

■ 생각 넓히기 (심화)

- 우리나라는 단일 민족 국가라고 볼 수 있는가? (토의)

- 제주도 입국 예멘 난민 문제는 어떻게 해결하는 것이 좋을까?

  (PBL 수업, 혹은 토의·토론 수업 모형)

■ 삶에 반응하기 (실천)

- 우리 학급의 다문화 친구를 어떻게 대하는 것이 좋을까?

초등학교 교과 내 교육과정 재구성 사례 (초5 과학과 '온도와 열')

■ 주제 : 온도와 열

■ 단원 개관

이 단원에서는 온도에 대한 개념 및 쓰임새, 온도를 측정하는 다양한 도구와 실제로 사용법, 다양한 상태(기체, 액체, 고체)에서의 열의 이동과 그 개념을 다룬다. 그것을 바탕으로 일상생활에서 다양한 열의 이동 현상을 과학적으로 이해하고 설명하게 하는 데 목적이 있다.

■ 관련 성취 기준

[6과01-01] 일상생활에서 온도를 어림하거나 측정하는 사례를 조사하고 정확한 온도 측정이 필요한 이유를 설명할 수 있다.

[6과01-02] 온도가 다른 두 물체를 접촉하여 온도가 같아지는 현상을 관찰하고 물체의 온도 변화를 열의 이동으로 설명할 수 있다.

[6과01-03] 고체 물질의 종류에 따라 열이 전도되는 빠르기를 관찰을 통해 비교하고 일상생활에서 단열을 이용하는 예를 조사할 수 있다.

[6과01-04] 액체나 기체에서 대류현상을 관찰하고 대류 현상에서 열의 이동을 설명할 수 있다.

■ 재구성 안내

아이들이 실생활에서 쉽게 접할 수 있는 소재인 '라면'을 소재로 재구성하고 핵심 질문도 그에 맞게 다시 설정하였다. 실험 순서는 교과서에 안내된 것과 일부 다르게 구성하였고, 실험 종류 또한 일부는 다른 것으로 대체했다. 다음은 교과서 차시 순서와 재구성 순서를 비교

해 놓은 표이다.

차시	교과서 차시 순서		차시	재구성 순서
1차시	색깔이 변하는 신기한 종이컵		1~2차시	온도계를 왜 만들었을까?
2차시	차갑거나 따뜻한 정도를 어떻게 표현할까?			
3차시	온도계는 어떻게 사용할까?		3~4차	온도계가 꼭 필요한 곳은 어디일까?
4차시				
5차시	온도가 다른 두 물질이 접촉하면 두 물질의 온도는 어떻게 변할까?	=>	5~6차시	라면을 끓이면 왜 넘칠까?
6차시	고체에서 열은 어떻게 이동할까?			
7차시	고체 물질의 종류에 따라 열이 이동하는 빠르기는 어떻게 다를까?		7~8차시	라면을 뚝배기보다 양은냄비에 끓여야 맛있는 이유는?
8차시	액체에서 열은 어떻게 이동할까?			
9차시	기체에서 열은 어떻게 이동할까?		9~10차시	열기구는 왜 하늘로 올라갈까? 컵라면이 익는 원리를 배운 내용을 토대로 설명해 본다면?
10~11 차시	단열이 잘 되는 집 만들기		11~12차시	나만의 따뜻한 집 만들어 본다면?
12차시	온도와 열을 정리해 볼까?			
13~14	심화 보충(담임재량시간)		13~14차시	온도와 열을 정리해 볼까요?

■ 핵심 질문 기반 수업 디자인 사례 : ("온도계가 사라진다면?")

	질문내용
핵심질문	온도계가 사라진다면?
출발질문	뜨거운 물체에 데어본 경험이 있다면?
전개질문	차갑거나 따뜻한 정도를 나타내는 말에는 무엇이 있을까? 우리 생활 속에서 온도를 정확하게 측정해야 할 때는 언제일까? 온도에 따라 변하는 신기한 종이컵을 만들어 볼까?
도착질문	체감 온도와 실제 온도가 차이나는 이유는?

■ 수업의 주안점

이 수업에서는 실생활에서 온도 변화 현상을 생각해내고, 온도를 나타내는 다양한 낱말과 측정할 수 있는 다양한 방법에 대해 알아본다. 또한 온도를 정확하게 측정해야 하는 이유와 경우를 알아보고, 단원의 시작 부분인 만큼 열변색 물감을 이용하여 신기한 종이컵을 만들어 단원에 대한 흥미와 동기를 유발 시키는데 주안점이 있다.

■ 관련 성취기준

[6과01-01] 일상생활에서 온도를 어림하거나 측정하는 사례를 조사하고 정확한 온도 측정이 필요한 이유를 설명할 수 있다.

■ 수업 전개도

활동1	활동2	활동3
·이 세상에 있는 뜨거운 것, 차가운 것 말해보기 ·온도를 표현하는 말 알아보기 ·교과서 26~27쪽의 그림을 온도를 표현하는 말로 설명해보기	·생활 속에서 온도를 정확하게 측정해야 할 때는 언제일까?	·색이 변하는 종이컵 만들기 ·온도에 따라 색이 변하는 원리를 활용하면 좋은 곳이 있다면?

중학교 교과 내 재구성 사례 (중1 수학과 '작도와 합동')[55]

■ 주제 : 작도와 합동

■ 주요 내용 구성

영역	핵심 개념	일반화된 지식	내용 요소	기능
기하	평면 도형	주변의 형태는 여러가지 평면도형으로 범주화되고, 각각의 평면도형은 고유한 성질을 갖는다.	· 기본도형 · 작도와 합동 · 평면 도형의 성질	이해하기 설명하기 작도하기 판별하기 계산하기 문제 해결하기 추론하기 정당화 하기
	입체 도형	주변의 형태는 여러가지 입체도형으로 범주화되고, 각각의 입체도형은 고유한 성질을 갖는다.	입체 도형의 성질	

■ 성취 기준

[9수04-03] 삼각형을 작도할 수 있다.

[9수04-04] 삼각형의 합동 조건을 이해하고, 이를 이용하여 두 삼각형이 합동인지 판별할 수 있다.

■ 핵심 질문 기반 수업디자인 사례 : "두 삼각형이 합동임을 어떻게 알 수 있을까?"

---

55) 수업디자인연구소(2019), "질문이 살아있는 수학 수업", 비상교육

단계	질문	활동
핵심 질문	두 삼각형이 합동임을 어떻게 알 수 있을까?	
출발 질문	케이크를 똑같은 모양과 크기로 어떻게 나눌까?	설명법, 문답법
전개 질문	두 삼각형이 합동이 되는 조건은 무엇인가? 두 점의 같은 거리에 있는 점을 어떻게 연결할까?	개별 학습 모둠 토의
도착 질문	삼각형의 합동 원리를 활용하여 두 건물 사이의 거리를 측정한다면?	문제 중심(PBL) 수업

고등학교 핵심 질문 기반 교과 내 재구성 사례 (고2 생활과 윤리)

■ 주제 : 의무론 윤리와 공리주의 윤리

■ 주요 단원 개괄 및 재구성

기존 교과서 단원 내용	교육과정 재구성
동양 윤리의 접근 ■ 유교 윤리 ■ 불교 윤리 ■ 도교 윤리	■ 인의의 도덕인가? 무위자연의 도덕인가? ■ 현실적 실천 덕목인가? 종교적 해탈인가?
서양 윤리의 접근 ■ 의무론 윤리 ■ 공리주의 윤리 ■ 덕 윤리 ■ 도덕 과학적 접근	■ 옳고 그름의 중요한 기준은 동기인가, 결과인가? ■ 인간이 추구해야 할 최고 덕목은 사회 정의인가, 　배려인가? ■ 행동의 책임이 중요한가, 　소통 과정과 담론이 중요한가?

■ 성취 기준

[고생13.] 다양한 윤리 이론들의 강조점과 차이점, 구체적 사례에 적용하는 방법을 이해하고, 현대 사회에서 발생하는 윤리 문제들을 바람직하고 합리적으로 해결하고자 하는 태도를 지닐 수 있다.

■ 핵심 질문 기반 재구성 사례 : "옳고 그름을 따질 때 동기를 중시할 것인가? 결과를 중시할 것인가?"

단계	질문 내용	활동
핵심 질문	·옳고 그름을 따질 때 동기를 중시할 것인가, 결과를 중시할 것인가?	
출발 질문	·하인즈 딜레마에서 하인즈의 행동을 도덕적으로 옳다고 볼 수 있을까?	문답법
전개 질문	·공리주의의 도덕적 판단의 기준은 무엇인가? 칸트의 의무론적 윤리의 도덕적 판단의 기준은 무엇인가?	강의식 설명법 과제 분담 학습
도착 질문	·하인즈 딜레마에서 하인즈 행동을 의무론 윤리와 공리주의에서는 어떻게 판단할 것인가? ·일제 시대의 독립투사들이 일왕을 시해하려는 것과 최근 이슬람 테러집단에서 미국 9.11 테러 사건을 일으킨 것을 비교하여 어떻게 판단할 것인가?	문제 중심 (PBL)수업 토의 토론 수업

범교과적 교육과정 재구성

　범교과적 교육과정 재구성이란 교과목의 통합을 통해 교육과정을 재구성하는 것을 말한다. 범교과적 교육과정 재구성은 교사 개인 보다는 학년이나 교사 학습 공동체, 학교 차원에서 접근하는 것이 좋으며, 실질적으로는 학년 차원에서 접근하는 것이 좋다.

　범교과적 교육과정 재구성과 유사한 개념으로 융합 혹은 통합 교육과정이 있다. 융합 혹은 통합 교육과정이 교육부에서 만들어 학교나 교사에게 제공하는 형태라면, 범교과적인 교육과정 재구성은 국가 수준 교육과정을 학교나 교사가 성취 기준에 따라 범교과적으로 다시 구성하는 형태이다. 둘의 차이는 재구성의 주체가 누구냐에 있다고 할 수 있다.

　범교과적 교육과정 재구성이 필요한 이유는 무엇인가?

　첫째, 지식이 존재하는 양상 자체가 개별 학문을 통한 접근만으로는 설명되지 않기 때문이다. 예컨대 우리는 '물'에 대해서 과학적 측면에서만이 아닌 언어, 문학, 사회 등 다양한 측면에서 접근할 수 있다. 둘째, 지식의 폭발에 대비해야 하기 때문이다. 지식은 하루가 다르게 늘어나고 있으며, 학교에서 이 모든 지식을 다 가르칠 수도 없고 그럴 필요도 없다. 셋째, 사회적 맥락을 고려해야 하기 때문이다. 분절된 지식으로 분절되지 않은 현실을 살아가는 것은 어렵다. 넷째, 새로운 지식을 기존의 정보와 연결하여 처리하는 인간 두뇌의 정보 처리 방식에 적합하기 때문이다. 다섯째, 전인 교육의 구현에 도움이 되기 때문이다. 범교과적 교육과정 재구성은 인지적, 정의적, 행동적 영역이 구분되지 않는 통합된 학습 경험을 제공할 수 있다. 여섯째, 교사 학습 공동체 활동을 촉진시키기 때문이다.

범교과적 교육과정 재구성에는 장단점이 있다. 우선 학생의 흥미 유발에 도움이 되며, 특정 주제(지식)에 대한 심화 학습을 가능케 한다. 또한 교과 간 내용 중복의 문제를 해결할 수 있으며, 문제 해결력 신장에 도움이 된다. 반면 학문적 체계를 효과적으로 드러내지 못할 수 있으며, 교사 학습 공동체의 활성화가 전제되지 않으면 재구성 과정이 혼란스럽고 수준도 떨어질 수 있다. 또한 표준화된 시험을 치르기가 불가능하며, 교사 입장에서는 준비를 하는 데 시간도 많이 들고 어렵다. 중고등 수준으로 올라갈수록 현실적인 어려움은 더욱 커진다.

범교과적 교육과정 재구성 절차

1. 배경 분석

■ 학습자 분석

◦ 학업 성취도 수준, 학습 의욕 등

■ 수업자 분석

∘ 교사의 교수 유형, 역량 등

■ 학부모 요구

∘ 다양한 학부모들의 요구 고려

■지역 사회의 교육 환경 및 학습을 위한 물적, 인적 자원 분석

∘ 지역 사회의 요구와 교육 환경 고려, 수업을 위한 물적, 인적 자원 지원 상황 고려

2. 교육과정 분석

■ 국가 수준, 지역 수준, 학교 수준 교육과정 분석

■ 교과서 및 교사용 지도서 분석

■ 교과별 성취 기준 분석

3. 주제 (테마) 선정

■ 다양한 과목에서 접근이 용이한 주제 선정

■ 성취 기준, 학생 흥미, 학부모 및 지역 사회의 요구, 학교의 필요 및 여건, 학교 구성원들의 의견 반영

■ 교사들이 논리적으로 설명할 수 있는 주제 선정

■ 지엽적이고 구체적인 주제보다는 포괄적이고 역량 중심적인 주제를 선정

4. 주제망 (마인드맵) 활동

■ 브레인스토밍 형태로 다양한 아이디어들을 펼치기

- ■ 의미 있는 소주제(토픽)을 선정하기 위한 전 단계 활동
- ■ 전반적인 학습 계획의 청사진
- ■ 유연한 교육과정 운영을 위한 전제 활동

5. 소주제 및 목표 선정

- ■ 대주제(테마)에 맞는 소주제를 선정하기
- ■ 소주제에 맞는 학습 목표 선정하기
- ■ 제한된 시간과 물리적, 공간적 한계 안에서 의미 있는 성과를 거두기 위한 구성 노력 필요
- ■ 과목별 소주제 및 역할 분담

6. 핵심 질문 만들기

- ■ 성취 기준을 고려한 핵심 질문 만들기
  - ◦ 백워드 설계 및 이해 중심 교육과정 강조
  - ◦ 평가를 염두에 두고 만들 것
- ■ 학습 목표를 중심으로 한 핵심 질문 만들기
  - ◦ 학습 목표를 질문 형태로 만들기
  - ◦ 핵심 질문은 수업 디자인의 기본 뼈대 역할을 함

7. 교과별 내용 재구성

- ■ 재구성할 학습 요소 선정
- ■ 교사 수준의 1차 재구성, 학습자 수준의 2차 재구성

■ 단원 학습 나열 후 분류 및 배열

■ 내용 재구성 결과 및 타 교과 간 학습 내용과의 연계성 점검

8. 교수 학습 방법 및 평가 계획 수립

■ 교수 학습 방법 디자인

■ 교수 학습 과정안 작성

■ 학습지 만들기

■ 성취 기준에 근거한 평가 계획 수립

9. 실천 및 평가, 피드백

■ 교육 과정을 수업을 통해 실현하기

■ 수업 후 반응 및 학습 결과물 정리

■ 접근 방식에 따른 평가 활동 및 학생 참여 과정 기록

■ 전반적인 재구성에 대한 피드백 활동

범교과적 교육과정 재구성의 초등 실천 사례
('괭이부리말 아이들' 온작품 읽기)[54]

■ 주요 내용

낱말 뜻을 유추해가며 책을 읽어나가고, 한 작품을 다 읽고 난 후

---

54) 인천 명현초(http://i-mh.icees.kr/) 실천 사례

작품에 나오는 다양한 인물들의 성격을 파악하고 자신의 삶과 연관 지어 생각함.

- 작품의 시대적 배경을 생각하며 그 시대의 모습을 상상해보고 이를 바탕으로 우리나라의 경제 발전 과정을 이해함.
- 작품의 공간적 배경이었던 당시 인천의 모습을 상상하며 그 시대 사람들의 생활 모습을 생각해보고, 교과서 밖에서 찾은 우리나라 경제 발전을 위해 노력한 사람들의 이야기를 통해 진정한 아름다움이 무엇인지 알아봄.

■ 관련 성취 기준

과목(영역)	단원	성취기준
국어(문학)	1. 인물의 말과 행동	작품 속 인물의 생각과 행동을 나와 견주어 이해하고 평가한다.
	12. 문학에서 찾는 즐거움	작품에서 말하고 있는 사람의 관점을 이해한다.
국어(읽기)	7.낱말의 뜻	문맥을 고려하여 낱말의 의미를 파악하며 글을 읽는다.
사회	3. 우리 경제의 성장과 발달	경제 성장 과정에서 나타나는 여러 문제(예, 빈부격차, 노사갈등, 자원 고갈 등)를 확신하고, 이에 대한 해결 방법을 모색할 수 있다.
		여러 경제 정보 자료(예, 통계, 사진, 각종 지표 등)를 통해 우리 경제의 성장 과정과 그 특징을 파악할 수 있다.
		우리나라가 국제 거래를 통해 다른 나라와 경제적으로 상호 의존하면서 서로 경쟁하는 관계에 있음을 이해할 수 있다.

미술	심화 보충	책을 읽고 인상을 깊은 장면을 그리고 그 이유를 설명할 수 있다.
창제	자율 활동	소설 작품을 끝까지 읽는 경험을 통해 책 읽기의 즐거움을 느낀다.

■ 핵심 질문 및 수업 활동

과목	핵심 질문	수업 활동
국어	'괭이부리말 아이들' 작품을 읽고 느낀 점은 무엇인가?	- '괭이부리말 아이들'을 소리내어 읽고 느낌 이야기하기 - 낱말 뜻을 유추하며 읽기 - 작품 속의 인물들의 생각의 변화를 찾고, 인물의 생각을 평가하기
사회	우리나라 경제 성장 과정에서 나타난 문제점은 무엇이라고 생각하는가?	- 작품 배경이 되었던 시기의 우리 나라 경제 성장 과정을 이해하기 - 경제 성장 과정에서 발생한 문제점을 찾고 해결 방안을 모색하기 - 선거 공보물을 분석하면서 정치적 참여의 중요성을 인식하기
미술	'괭이부리말 아이들' 작품을 읽고, 가장 인상적인 장면을 상상하여 그림을 그린다면?	- 작품을 읽고 인상적인 장면을 상상하여 그림으로 표현하기
창체	작품 속 인물들이 살아있던 마을을 직접 둘러보고 느낀 점은 무엇인가?	- 작품 속 인물이 살았던 동네에 직접 다녀보기 - 작품 속 배경이 되었던 장소를 찾아 사진을 찍어 보기 - 수도 국산 박물관을 탐방하기

범교과적 교육과정 재구성의 중등 실천 사례('고통')[57]

■ 주제 : 고통

■ 범교과적 재구성 실천 사례

과목	핵심 질문	수업 활동
국어과	사회적 아픔을 향가 형식으로 표현한다면?	- 향가의 특징과 의미 이해하기 - 개인적 아픔, 사회적 고통에 대하여 생각하고 모둠별로 나누기 - 아픔을 승화할 수 있는 내용을 향가 형식을 빌어 패러디하고 발표하기
역사과	사회 정의론 입장에서 세월호 사건을 어떻게 바라볼 것인가?	- 모둠 문장 만들기 활동 (세월호는 (　　)이다. 왜냐하면 (　　)이기 때문이다.) - 세월호 사건 일지를 역사 신문 형태로 정리하고 발표하기
영어과	고통과 아픔을 표현하는 영어 표현은?	- 팝송 'Sorry seems to be the hardest word' 감상 - 영어의 'sorry' 표현의 의미 - 고통을 나타는 표현이나 응답의 표현들을 이야기하기 - 고통의 나무에 달릴 영문 메시지 기록하기
과학과	세포 안의 농도 변화에 따른 현상을 사회 현상에 비유한다면?	- 삼투 현상에 대하여 설명하기 - 세포 안의 물의 농도에 따라 양파 세포가 어떻게 되는지 현미경으로 관찰하기 - 세포 안의 물의 농도 차이에 따른 세포 상태의 변화를 사회 현상에 빗대어 이해하기.
수학과	애도의 마음을 숫자로 표현한다면?	- 교사가 먼저 사회적 사건을 숫자로 표현하고 그 의미를 설명하기 - 숫자로 자신의 삶에 대해 이야기하기 - 친구의 이야기에 경청하고 공감하는 표현을 익히고 말하기 애도의 마음을 숫자로 표현하기

---

57) 소명중고등학교(https://www.vccs.kr/)의 실천 사례
　　김현섭(2015), "질문이 살아있는 수업", 수업디자인연구소

미술과	사회적 고통을 표현한 미술 작품은?	– 고통의 나무 제작 설치, 죽은 나무 헌화 – 메멘토 모리와 바니타스 회화에 대한 이해 – 루이스 하인과 케테 콜비츠의 작품에 대한 동영상과 사진 감상하기 – 고통을 외면하는 사회 현실에 대해 이야기 나누기
음악	'고통 그 너머'를 음악적으로 표현한다면?	– 세월호 동영상 감상 및 소감 이야기 – 교사가 리듬을 제시하고 학생들이 그 리듬을 바탕으로 작곡하기. – 곡에 맞추어 가사를 만들어 곡 완성하기

■ 주제 : 판소리[58]

■ 융합과목 : 음악, 미술, 문학, 영어

학년 반	2학년 3반	수업일시	2018. 10. 30.(화) 2교시	장소	음악실	수업자	신문숙
단 원	Ⅱ. 음악과 관련된 진로		차 시	2/3	교과서		66 ~ 71p
학습 주제	∘창작 판소리와 문학의 만남						
학습 목표	∘현존하는 판소리 한 작품의 반전이야기 (또는 뒷이야기)를 쓰고 노래로 표현할 수 있다.						
학습 개선 전략	핵심 성취 기준	∘[음생111] 음악을 구성하는 요소와 원리를 이해하고 가창, 기악, 창작 등의 다양한 음악 활동을 통해 표현할 수 있다.					
	학습 활동 형태	∘모둠 활동(토의학습), 개별 활동(요약), 일제 학습(핵심 개념 이해)					
	교수·학습 자료	∘학습지, 필기구, 교과서 등					

---

58) 신문숙(2018), 김해여고 공개수업지도안

수업 흐름	질문 유형	교수-학습 활동	시량 (분)	자료 (▷) 유의점 (☞)
도입 (마음 열기)	복습 질문	▣ 전시복습 ☞ 국악의 갈래를 질문하고 답한다. ▣ 들어가면서 ☞ "두 장의 그림을 통해 무엇이 보이고 서로 어떻게 다르게 들리는가?" 판소리의 구성요소를 떠올리게 한 후, 그 중 "소리"(노래)에 해당하는 창작판소리를 불러본다. 동영상 연주를 들려주고 오페라와의 차이점을 말하게 한다. "판소리와 관련된 영화 광고 포스터, 관련 풍속화 등 을 통해 무엇을 보았는가?"(미술 융합)	5분	▷ 전시학습지 ▷ T.V ▷학습지
전개 (작품 들여 다보 기)	핵심 질문	▣ 학습 목표 제시 ☞ 현존하는 판소리 5마당 중 하나의 작품 뒷이야기 (또는 반전 이야기)를 써보고, 노래로 표현할 수 있다. ▣ 동기 유발 출발 질문을 던진다.	35분	▷ ppt
	출발 질문	☞ "판소리의 내용 중 반전을 가져올 만한 부분은 소 설의 어느 지점이 될까?"(문학 융합) ▣ 작품 속으로 들어가기 현존하는 판소리 5마당이 무엇인지 질문한다. 모둠원들의 의견을 모아 판소리 작품 중 하나를 선택		▷ 학습지
	전개 질문	한다. 이 작품을 선택한 이유를 말하게 한다. 우리 모둠의 시나리오를 간단하게 재구성한다. ☞ "우리 모둠의 이야기의 주제어는 무엇인가?" (문 학 융합)		

전개 (음악 과 문 학의 연결)	전개 질문	▣ 이야기의 흐름 읽어내기 소설 속의 이야기를 펼쳐내고 가장 인상적인 장면을 골라 어떤 이야기로 바꿀지 구상한다. ☞ "이 장면이 가장 인상 깊다고 생각한 이유는 무엇인 가?" ▣ 상황과 어울리는 내용으로 가사바꾸어 노래하기 모둠에서 선택한 장면의 특징적 요소를 찾도록 한 다.(등장인물, 사건, 상황, 갈등의 요인 등등) 어떤 장단이 이 장면과 가장 어울릴지 모둠원들끼리 의논한다. 모둠별로 "어떻게 이야기를 바꾸었는지?"를 말하게 한다. ☞ 장단에 맞추어 교과서 제재곡 "캔디타령" 각 모둠 에서 바꾼 가사대로 노래 부른다.	35분	▷ 학습지 ▷ 필기구 ☞ 주제어와 관련된 가사 를 적용하도 록 지도한다.
정리 및 평가	도착 질문	▣ 모둠별 발표 각 모둠이 선정한 판소리와 상황과 접목한 노래가사 가 어떠한 것인지에 경청한다. 각 모둠의 활동에 대해 평하기 (어느 모둠의 내용이 창의적인가? 음표와 가사의 전 달이 잘 되는가? 장단의 속도와 장면의 내용이 잘 어 울리는가? 등등 관찰하면서 듣기) ▣ 외국인에게 국악 소개 ☞ "외국인을 만난다면 나는 판소리를 어떻게 소개할까?" 판소리를 육하원칙으로 설명하는 연습을 해본다. (단어 나열, 문장 연결, 번역 앱 사용) (영어 융합)	10분	
차시 예고	다음 질문	▣ 차시 학습 : 수행평가 실시 다른 국악 작품을 탐색한다. 작품을 선정하는 기준을 정한다.(이 작품이 무엇이 나 를 왜 궁금하게 하는지에 집중하도록 안내한다.) ☞ 작품의 핵심 개념을 육하원칙으로 만들어보고 자 신들이 좋아하는 외국어로 번역하기 (휴대폰, 아이패드를 활용한 번역 앱 구글, 파파고 등 허용)		

교육과정 재구성은 좋은 학습지 만들기에서부터

　가장 손쉽게 교육과정 재구성을 할 수 있는 방법은 좋은 학습지를 만들어 수업을 하는 것이다. 교과서 내용을 학생의 특성과 수준에 맞게 재구성한 것이 바로 학습지이기 때문이다. 교과서 내용을 단순하게 요약하는 학습지에서 벗어나 핵심 질문에 기반하여 심화 보충형 자료를 찾아 질문을 넣어서 학습지를 제작해 실천해보면 좋다.[57] 이를 모아 포트폴리오 자료집 형태로 묶으면 워크북이 되는 것이고, 워크북을 기반으로 살을 붙이면 바로 새로운 나만의 수업 교재로 재탄생할 수 있다.

　범교과적 재구성은 교사 개인보다는 교사 학습 공동체 차원에서 접근해야 한다. 교사 학습 공동체가 활성화되지 않은 상태에서 범교과적 재구성이 이루어지면 짜깁기형 자료 모음 수준으로 그칠 수 있다.

---

59) 김현섭(2017), "철학이 살아있는 수업기술", 수업디자인연구소
　　이 책에는 다양한 학습지 유형과 제작 방법들이 있다. 학습지는 대개 질문, 텍스트, 이미지, 반응 여백의 요소로 구성되어 있다. 좋은 텍스트를 찾아 좋은 질문을 만들어 학습지로 구성해보면 좋다.

13장.
마을 교육 공동체를 통해 학습 공원을 꿈꾸다.

13장. 마을 교육 공동체를 통해 학습 공원을 꿈꾸다.

학교는 마을의 섬인가?

지역 사회로부터 섬처럼 고립된 학교는 지역 사회 중심의 학교로의 전환되어야 한다. 마을 교육 공동체는 이러한 문제 의식을 바탕으로 혁신 교육 지구 사업이나 마을 교육 공동체 사업으로 구체화 되어야 한다.

마을 교육 공동체는 현재 지역 사회에서 방과 후 수업이나 돌봄 교실 교사 혹은 문화 예술 협력 교사를 파견하거나, 진로 직업 체험 활동의 체험 장소를 제공하거나 지역 사회 인물이 직업인 멘토로 참여하는 등 다양한 형태로 진행되고 있다. 이처럼 지역 사회 전체가 교육적 기능을 수행하게 되면 학생들은 미래 사회에서 요구되는 핵심 역량인 창의력, 비판적 사고력, 협력적 문제 해결 능력, 의사소통 능력, 시민 의식과 사회적 책임감 등을 실제적이고 구체적으로 배우게 된다.

마을 교육 공동체는 상이한 지향점을 지닌 것처럼 보이는 대안 교육과 미래 교육에서 공통으로 강조되는 핵심 구조이다. 오래된 미래와 다가 올 미래가 교육의 본질에서 같은 지향점을 바라보고 있는 것이다. 미래의 이상적 학교는 '마을이 학교다'라는 오래된 이야기의 미래적 해석이 되지 않을까?

미래의 마을 교육 공동체는 현재와는 다른 모습일 것이다. 유비쿼 터스를 기반으로 지역 사회를 넘어서 타 학교, 다양한 전문가 그룹, 기업, 가상 현실 및 인공 지능과의 네트워킹으로 확대 심화될 것이 때문이다. 앞으로 마을 교육 공동체는 미래 사회의 핵심적인 플랫폼이 될 것이다. 특히 벨기에의 '학습 공원'과 핀란드의 '학습 마을'은 좋은 모델로 자리매김하게 될 것이다.

한국의 마을 교육 공동체 운동

1. 학교 중심 협력 모형

■ 대안 학교 중심 협력 모형

1980년대부터 시작된 한국의 대안 학교 운동은 교육의 문제를 교내 공동체와 대안적 현장 그리고 지역 사회와의 연계를 통해 풀어 내려한다는 점에서 지역 친화적이다. 대안 학교들은 '지속 가능한 생태적 마을 만들기'에 대한 철학을 기반으로, 학교와 마을의 협력 혹은 마을 만들기를 추구하고 있다. 대표적인 학교로 풀무학교, 간디학교, 민들레학교, 산마을고등학교 등을 들 수 있다. 풀무학교의 사례는 다음과 같다.

풀무농업기술학교

풀무학교는 1958년에 개교한 학교로 '더불어 사는 평민'이라는 교훈에 걸맞게 경쟁이 아닌 더불어 사는 교육을 실천하고 있는 학교이다. 풀무학교의 마을 활동의 특징은 학교에서 시작되어서 마을에 정착되는 형태라는 것이다. 풀무 신용 협동조합, 풀무 생활 협동조합, 갓골 어린이집, 홍성 신문, 도서 조합 등은 학교 교무실이나 생활관 또는 학교 부지 내에서 시작했다가 지금은 완전히 마을에서 운영하며, 풀무 가족들도 조합원 혹은 각 기관의 임원으로 활동하고 있다. 우리나라에서 널리 실시되고 있는 오리농법 역시, 학교 축산부에서 오리를 공급하고 각종 정보를 제공하며 국제 대회를 유치하고 전문가를 초청하는 과정을 통해 마을로 확산시킨 것이다.

홍동 마을

일반적인 한국의 농촌 현실과 달리 홍동 지역은 유기농업과 협동조합 운동, 대체 에너지 운동, 대안 교육, 환경 운동, 마을 만들기 운동 등으로 매우 역동적인 지역이다. 면 단위에서는 유일한 사례인 의료 협동조합 '우리 마을 의료 생협'도 개원했으며, 홍동면 문당리에 있는 환경 농업 교육관은 매년 국내외에서 2~3만 여명이 견학을 위해 방문한다.

홍동 지역에는 풀무학교에서 태동한 갓골 어린이집, 풀무신용협동조합, 풀무생활협동조합은 물론, 꿈이 자라는 뜰, 교육농업연구소, 논배미 등의 교육 단체, 갓골 목공소, 밝맑 도서관, 갓골 빵가게, 느티나무 헌책방, 그물코 출판사 등의 문화 단체, 하늘 공동체 등의 복지 단체 등 다양한 단체들이 활발하게 활동하고 있다.

■ 혁신 학교 중심 협력 모형

혁신 학교는 2009년 경기도에서 최초로 도입된 후 서울 및 교육 자치 단체로 확대되고 있다. 혁신 학교의 등장은 교육적으로 다양한 의미를 지니지만, 실질적으로는 대안 교육의 실천을 제도권으로 포용하기 위한 노력으로 보인다.

혁신 학교 운동이 학교 단위 공교육 체제 내부의 변화를 도모하는 것이라면 혁신 교육 지구 사업은 학교와 지역의 총체적 변화를 도모하는 것이다. 대안 학교 운동 ▶ 혁신 학교 운동 ▶ 혁신 교육 지구 사업 ▶ 마을 교육 공동체 운동으로 이어지는 교육운동의 진화 과정은, 사회 변화에 학교가 적극적으로 대응하는 방식이라고 할 수 있다.

의정부여중

1955년 개교한 공립중학교로 2009년 교육 복지 투자 사업에 선정되어 학교 내에 교육 복지사가 들어오면서 학교와 마을을 연계하는 활동을 하게 되었다. 2011년에는 혁신 학교로 지정되었고, 2013년에는 경기도 교육청으로부터 혁신 학교 우수교로 선정되었다. 2014년부터는 '마을과 함께 크는 학교'라는 모토를 가지고 지속 가능한 학교 혁신을 추진 중이다.

◦ 마을에 관한 교육

2012년 '생태'를 주제로 광릉수목원에 가서 수업을 진행했고, '친구와 함께하는 음식 여행'을 주제로 지역 시장에서 프로젝트를 진행했으며, '근현대사의 역사 공간을 찾아서'라는 주제로 국회 의사당, 서대문 형무소, 역사박물관에서 수업을 진행했다. 2014년에는 교과 통합 프로젝트로 '마을 공동체 탐험하기', '사회적 기업' 등을 실시했다.

○ 마을을 통한 교육

2009년 이후 실시한 '교육 복지 우선 지원 사업' 중 '마을 학교 열린 교실'은 지역의 다양한 기관과 단체들의 참여로 이루어진다. 동네 카페, 초록 우산의 정부 마을, 한들 도예 공방, 토론 공교육화 운동 본부, 복장 히어로, Wood & Life, 자작나무 예술, 의정부 협동조합, 흙 놀이 창작 숲, 현대 동물 병원 등이 이에 참여하고 있다. 의정부여중은 다양한 지역 사회의 지원을 통해 '상담사, 사회 복지사, 바리스타, 네일 아트, 웹툰, 재활용 공예, 분장, 도예' 등 다양한 분야를 이해하고 경험할 수 있는 교육과정을 운영하고 있다.

○ 마을을 위한 교육

의정부여중은 마을의 교육·문화 센터이다. 교내 도서관에서는 학부모 독서 동아리를 지원하며, 학부모들은 자발적으로 북클럽을 운영하고 독서 이벤트를 기획하기도 한다. 교외에서는 교과 통합 프로젝트 일환으로 학생들이 의정부 중심 거리에서 성 평등 캠페인과 플래시 몹 활동을 하기도 했다.

2. 교육청-지자체 중심 협력 모형

■ 마을 교육 공동체 사업 / 혁신 교육 지구 사업

마을 교육 공동체 사업

경기도교육청의 '마을 교육 공동체 사업', 서울시교육청의 '마을 공동체 만들기 사업'과 '혁신 교육 지구 사업'이 대표적인 사례이다. 마을 교육 공동체 사업은 혁신 학교 정책이 진일보한 형태로, 학교와 지역 사회와의 연계를 통해 마을을 교육 공동체로 혁신시키고자 하는 일종의 전환 운동이다.

혁신 교육 지구 사업

경기도교육청 혁신 교육 지구 사업은, 2016년 3월 광명, 구리, 안양, 오산, 의정부, 시흥, 화성, 안산, 부천, 군포 등 10개 지방 자치 단체가 참여했으며, 2017년에 성남시와 의왕시가 동참하면서 참여 도시는 총 12개로 늘어났다. 지역의 특성에 따른 지역 교육 자원 개발, 지역 특성 교육 사업 운영, 지역 교육 공동체 구축 등 혁신 교육의 기반을 만들어 나갈 예정이다.

서울시교육청은 2010년부터 혁신 교육 지구 사업 계획을 수립하였으며, 2012년 구로구와 금천구를 시작으로 본격적인 사업이 추진되었다. 서울시의 혁신 교육 지구는 교육청, 서울시, 자치구, 지역 주민이 참여하고, 지역 사회와 학교가 협력하여 새로운 교육 모델을 실현하도록 서울시와 교육청이 지정하여 지원하는 자치구로 정의된다.

의정부 꿈이룸 학교

꿈이룸 학교는 혁신 교육 지구 사업 5년의 결실이다. 드림하이 프로젝트 동아리 지원 사업으로 시작되었다. 동아리 학생들 간에 '행복 동네 네트워크'라는 연합체가 만들어졌으며, 2014년 하반기에 마을 교육 공동체와 마을 학교에 관심 있는 교육자들과 활동가들이 모여 '토론회'를 조직하게 되었다. 이 토론회에서 청소년들의 자발적인 움직임이 250여 명의 다른 청소년들을 이끌어내면서 꿈이룸학교가 만들어지게 되었다. 꿈이룸 학교는 청소년이 주체가 되어 전 과정을 기획하는 학교로, 주말마다 100~150여명이 모여 끊임없이 스스로 계획한 프로젝트를 실행하고 놀고 고민하면서 활동을 펼치고 있다.

청소년들은 2015년 프로젝트 활동을 통해 배운 것을 바탕으로 '공동체, 책임감, 도전, 배려, 나눔'이라는 5대 가치를 도출했고, 2016년에는 이를 구현하는 방향으로 프로젝트를 기획했다. 마을 프로젝트, 온 마을 잔치 프로젝트, 견우 프로젝트가 특기나 취미, 문화 예술 방면에 집중했다. 2016년 2학기에는 대학에서 전공하고 싶은 분야와 접목시키는 형태로 확장되었다. 이렇게 시작된 것이 고등학생을 위한 찾아오는 대학 연계 융복합 프로젝트인 '더혜윰 프로젝트'다. 2016년 2학기부터는 리모델링한 몽실학교에서 주중 야간에 실시하고 있다.

'앎과 삶이 통합되는 교육', '더 나은 미래를 위해 삶의 문제에 대한 해결 방안 탐구'를 주제로 학교로 공문을 보내 추가 참여 희망자를 받

고 워크숍을 실시했다. 70명이 참가하여 진행된 1박 2일 워크숍에서
는 희망하는 전공 분야 별로 나뉘어 관련된 삶의 문제를 브레인 스토
밍하고, 해결하고 싶은 삶의 문제를 선정하여 해결을 위한 프로젝트
주제를 10개 뽑았다.

지역 사회에서는 교사 21명, 학부모 48명, 시민 19명으로 구성된 '마
을 서포터즈'가 길잡이 교사를 보조했고, 의정부 관내 학부모들이 꿈
이룸학교 밴드에 가입해 현재는 250명이 넘는 학부모, 교육청, 교사,
지자체가 함께 고민하며 꿈이룸학교를 지원할 방법을 찾고 있다. (서
용선 외, 2016)

3. 마을 중심 협력 모형

■ 독립 생태 마을

민들레 공동체 마을과 갈전 마을, 민들레 학교

생태 공동체 마을은 일반적으로 민주적 회의체, 생태 건축, 대체 에
너지, 공동 생산 분배, 유기 순환 농업, 영성 수행 프로그램 등을 추구
하는 마을을 말한다. 민들레 공동체에는 민들레 학교를 비롯해 (사)
대안 기술 센터, 민들레 농장, 민들레 아트센터, 민들레 베이커리, 민
들레 교회 그리고 목공실과 출판부가 있다. 이 중 민들레 공방, 공동
체 가족 주택, 민들레 학교, 대안 기술 센터 사무실 (Strawbalehouse)[60] 등

---

60) 스트로베일하우스란 황토, 볏집, 천연 페인트 등 친환경 자재로 시공한 집이다. 이

은 생태 건물로 지어졌다. 이러한 건물들은 태양열 난방 시스템, 풍력 발전기, 바이오매스 발생 장치를 활용해 에너지 자립도를 높여 시민 사회에 널리 알려지게 되었다.

민들레 학교는 민들레 공동체가 세운 기숙 형태의 대안 학교로 '가난한 자들의 친구가 되는 것'을 목표로 '세상과 함께 하는 공동체 학교'를 추구한다. (민들레학교, 2015) 민들레 학교는 학습 공동체이며 생활 공동체이자 생산 공동체이다.

학습 공동체로서 민들레 학교는 교사와 학생 간 활발한 상호작용, 실생활과 노작 활동에서 사물과의 대화를 통해 얻는 배움, 공동체적 관계를 통한 배움을 강조하고 있다. 또한 학생과 교사는 24시간 함께 생활하는 생활 공동체로서 협동하고 배려하는 자세를 배우게 된다. 마지막으로 생산 공동체를 지향하는 민들레 학교는 농사짓기의 전 과정에 참여한다.

■ 전환 마을

성미산 마을과 성미산학교

1994년 공동 육아 협동조합의 학부모들이 중심이 되어 이룬 마을이다. 바른 먹거리 운동을 위한 마을 두레 생협, 유기농 반찬 가게인 동네부엌, 카센터인 차 병원, 시민 자치 기구인 마포 연대, 지역의 라

공법은 항아토피 효과가 있고 건축 비용 절감에도 도움이 되며 단열 효과도 뛰어난 생태 건축 공법이다.

디오 방송국인 마포 FM, 어린이집 등을 만들어 지역을 연결하고 있다. 성미산 학교는 학부모 기금을 통해 시작, 운영되었으며, 마을의 학부모, 교사, 학생으로 이루어진 학교 운영 위원회를 통해 중요한 결정을 한다.

성미산학교는 2004년 '스스로 서서 서로를 살린다'는 학교 철학 아래 개교한 이 학교는, 성미산 마을의 자연 환경, 문화 시설, 지역 주민들과 밀접한 관계를 갖는 대표적인 전환 마을 학교이다.

교육과정의 중점은 '스스로 의미 있는 학습을 하도록 하는 것'과 '분절이 아닌 통합'이다. 주 2일 정도는 학년 통합으로 옷 살림, 밥 살림, 집 살림이라는 반으로 나뉘어 원하는 반에서 프로젝트 수업을 진행한다.

초등 저학년에서는 놀이와 체험을 통해 공동체적 능력과 생태적 감수성을 기르는 수업을, 초등 고학년에서는 생태적 삶의 경험에 중점을 두고 프로젝트 수업을 진행하고 있다. 중등 및 포스트 중등 교육과정은 '전환'과 '마을'이라는 키워드를 중심으로 도시 텃밭 프로젝트, 적정 기술 프로젝트, 절전소 프로젝트, 물건 프로젝트 등을 진행하고 있다.

미래 마을 교육 공동체, 학습 공원이란?

1. 지역 사회 기반의 열린 학습 공간

학습 공원은 지역 사회 속에 깊이 뿌리 내린 열린 학습 공간으로,

물리적 공간과 가상 공간에 동시에 존재한다. 열린 공간이지만 때로는 필요에 따라 닫힌 공간으로서 기능하기도 한다. 학습 공원은 기본적으로 학습 활동이 이루어지는 곳이지만 지역 주민, 학부모들이 만나는 지역 센터가 되기도 한다. 학습 공원은 교육은 사회 구성원의 공동 책임이라는 전제 하에, 지역 사회의 기업들, 비영리 조직, 기관의 대표자, 교직원, 특히 학부모들이 이사회 멤버가 되어야 한다는 점을 강조하고 있다.

2. 교사의 역할 변화

교사들로 구성되는 '교육 담당팀'(teaching team)과 별도로 전문성을 가진 '어른들로 구성된 자원팀'(resource team of adults)이 함께 학생들의 학습을 돕게 된다. 미래 학교는 교원 수급에 자율성이 좀 더 부여될 것이며, 교사들도 경험, 희망, 역량에 따라 역할과 직업을 바꿀 기회를 갖게 된다. 현재보다 훨씬 복합적인 과제를 다루고 처리하는 핵심적인 역할을 맡을 것이라는 점에서 교사는 현재보다 좀 더 존경의 대상이 된다.

교육 담당팀(teaching team)의 교사는 학습 촉진자, 프로젝트 관리자 겸 코치다. 학습 촉진자(facilitators)로서의 교사는 수업을 구조화하고 이끌고 안내한다. 대표적인 역할은 학생들의 일간, 월간, 연간 학습 계획을 세우는 것을 돕는 것이며, 개인의 학습 경로에 맞게 안내하며 지속적으로 피드백하는 것이다.

학생들은 '학습 가족'(learning family)이라는 무학년제 그룹으로 활동하며, 교사팀은 각 학생의 진전도와 활동을 관찰하고 피드백을 제공한다. 교사들은 약 40%의 시간을 그룹을 단위로 하는 수업에 사용하며, 나머지 시간에는 프로젝트 수업을 위해 학부모 및 공동체 사람들, 학생들과 협의하며, 기업을 포함한 학습 공원 밖의 그룹과의 가교 역할을 한다. 교장·교감은 학습 공원 내 작은 학교들과 긴밀히 소통하며 업무를 조정하고 협력을 이끌어 내는 코디네이터의 역할을 한다.

3. 프로젝트 수행이 활발한 학습 환경

학생들은 더 이상 하루 종일 교실 의자에 앉아있지 않는다. 학습 공원에서 학생들은 정규 학습 동아리에서 두 세 시간을 보낸 후, 프로젝트를 수행하면서 역량을 향상시킨다. 학습 공원에서는 학생 각자의 학습 경로(learning pathways)에 대한 개인의 선택을 매우 중요시하며, 중간에 여가 활동을 하는 시간도 마련한다.

학습 공원을 넘어선 한국적인 미래 마을 교육 공동체를 위한 제언

학습 공원은 '지역 기반 협력 교육, 지역 공동체 구성원이 운영하는 책임 공동체, 중앙 정부를 넘는 교육 자치, 거버넌스 통합 협치, 협동조합의 형태의 민주적 의사결정, 지역 내 다양한 전문가와의 네트워크, 협력 프로젝트 학습, 학습 촉진자, 프로젝트 관리자, 코치로서의 교사, 적절한 표준화 교육과정, 학습 가족과 학습 공동체 형태, 코칭 능력 중시, 권위적이지 않는 코디네이터로서의 리더십' 등과 같은 미래적 교육 공동체의 모습을 잘 보여주고 있다.

그렇다면 4차 산업혁명 시대를 맞이하는 한국적 미래 교육 공동체의 모습은 어때야 할까? 여기서는 한국적인 미래 마을 교육 공동체를 구상하기 위해 몇 가지 제언을 하고자 한다.

1. 학습 정원의 필요성

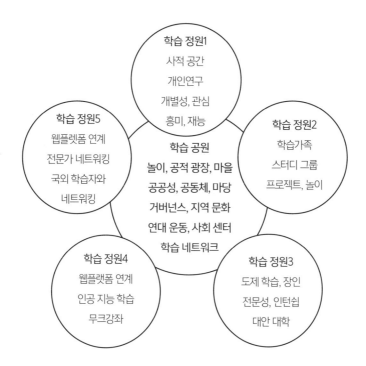

학습 공원이 공적 영역을 강조한다면 도제적 교육 형태인 학습 정원은 사적 영역을 강조한다. 공적인 공원의 개념과 사적인 정원의 개념의 관계는 위 그림과 같이 묘사할 수 있다. 미래 사회에는 직업 영

역, 문화와 예술 영역, 학문 영역을 막론하고 다양한 영역에서의 학습 정원이 필요하다.

2. 학생 수업 개설 권리와 진로 코칭

학습 공원에서는 학점제와 무학년제의 시스템 속에서 학생의 수업 선택 권리가 존중된다. 그러나 이 뿐 아니라 학생에게 수업 개설 권리가 주어져야 한다. 이를 위해서는 교육과정 기획부터 평가까지 코디네이터 역할을 할 수 있는 코칭 전문가로서의 교사가 필요하다. 별무리고등학교의 경우, 100개 이상의 교사 수업과 200개 이상의 학생 수업이 개설되어 학생마다 시간표가 완전히 다르다. 또한 진로 코칭 전문가로서의 역량을 높이기 위한 교사 전문 학습 공동체들이 있으며, 담임교사는 '어드바이저'라는 이름으로 진로 코칭과 학습 전반을 기획하고 피드백하고 있다. 학생의 수업 개설권이 보장되면, 스스로 진로와 학습을 기획하고 관리하는 메타인지와 자기 관리 역량이 신장된다.

3. 평가 시스템의 변화

학습 정원이나 학습 공원은 학교 밖에서의 학점 취득에 대한 유연성을 담보하지 않고는 불가능하다. 따라서 다양한 방식의 학점 제도와 함께 유연하면서 심도 깊은 질적 평가가 필요하다. 따라서 성취 평가제와 교사별 평가제, 프랑스의 바칼로레아, IB 형태 등을 폭넓게 고려해 보아야 한다.

4. 마을의 전환이 선행 필수 조건

학습 공원의 형성을 위해서는 마을의 전환이 선행되어야 한다. 꿈이룸 학교는 청소년들이 주체적으로 교육공동체를 이루기 시작한 흐름을, 의정부시에서는 민간의 인프라를 그대로 받아 안고 교육지원청 내 혁신 교육 지구, 마을 교육 공동체 운영팀에서 업무를 지원하며 교육지원청 사업으로 진행하면서 민관의 결합 모델로 자리 잡아 가고 있다. 이 과정에서 꿈이룸 학교의 취지와 운영되는 내용을 보고 도움을 줄 마을 서포터즈를 모았는데 지금은 1000명의 마을 사람들이 꿈이룸 학교 밴드를 통해 청소년들의 활동들을 지켜보고 지원하며 지역사회의 네트워크를 만들어 내고 있다. 이 흐름으로 지역 사회가 전환될 도약 지점에 놓여있다.

성미산 공동체, 홍동 마을, 풀무 학교의 경우, 지역과 더불어 하나되는 학교로, 지역은 교실이고, 학교는 지역의 마을 학교로 전환된 지오래다. 학교와 지역이 함께 생명과 지역을 사랑하며 배우고, 유기 농업과 직거래, 지방 자치 참여와 관민의 지역 협의체 구성, 특산물 개발, 축제 등의 지역 문화, 협동 조합, 세계와의 연결, 식품 가공 등 지역 공업 육성, 공해 없는 에너지의 개발 등에 앞장서고 있다. 이처럼 마을공동체의 힘은 학습 공원에 전혀 다른 토양을 제공해 줄 것이다.

5. 공동성과 사적 공간의 존중

'공동체'의 이상과 한계를 고려해야 한다. 학습 공동체도 동일하다. 사적 영역을 중시하는 현대 사회에서, 공동체, 공공성, 공적영역의 강조는 자칫 '집단주의'로 왜곡될 수 있다. 자율성을 기반으로 한 공공성과 사적 영역에 대한 존중이 동시적으로 약속되어야 한다. 물론 사적 공간들이 공적인 영역과 공집합이 되도록 다수의 자발적 참여를 이끄는 문화적 토양도 필요하지만, 광장 문화는 자발적인 공간이어야 생명력이 있다.

미래 마을 교육 공동체 핵심 가치와 5가지 키워드

대전환의 시대에 미래 사회의 창조적 형태가 될 전환 마을 교육 공동체는 자칫 현실에서는 여러 문제점을 발생시킬 수 있다. 즉, 주민 자치 활동이 사적 영역에만 머물거나 이익 집단의 둥지가 되면 자본 획득을 위한 도구로 전락하거나, 폐쇄적인 네트워크에 의존, 파벌화, 지역 이기주의, 공동체 간의 분열 등의 부작용이 생길 수 있다. 결국 신뢰를 상실한 공동체는 해체의 수순을 밟을 수밖에 없다.

1. 핵심 가치

그러므로 지역 공동체 거버넌스를 잘 이루기 위해서 철학이나 신념의 공유, 협치의 공동 서약, 구성원의 검증 등이 필요하다. 따라서 협치를 위한 철학적 토대를 설정하는 것이 우선이다.

다양한 마을 공동체와 학교 공동체의 실제 사례들과 마을 교육 공동체를 꿈꾸었던 사상가(그룬트비히, 이승훈, 홍순명 등)의 마을 교육 공동체에 관한 사상들을 토대로 다음과 같은 중핵적인 가치를 선별하였다.

핵심가치	연대가치
공동체	연대, 협력, 동반 자의식, 협동, 사랑, 복지, 상호 돌봄, 치유, 환대, 공유, 평화, 조화, 공공, 존중, 배려, 공감, 소통, 신뢰, 문화, 상생 (관계망, 상호 호혜적)
민주주의	일상의 민주주의, 민주 시민, 평민정신, 시민성, 정의, 자치, 주체, 자립, 자율, 공공성, 권리, 책임, 상호 존중, 자유, 소통, 합의, 자발성, 협치, 평등, (약속, 서약, 거버넌스)
생명(생태)	환경, 생태, 생태계, 순환, 지속 가능성, 유기체, 건강한 성장, 자급자족 (친환경, 적정 기술)
융합	연대, 연결, 초 연결, 네트워크, 초 연결사회, 지역 사회와 세계화, 통합 (4차 산업혁명의 융복합 기술, 플랫폼, 센터, IOT, 인공지능, 빅데이터)
전환	재창조, 대안적, 창조성, 문명사적 위기와 기회, 미래에로의 전환, 생태적 전환, 재도약, 혁신 (4차 산업혁명을 통한 변화)
배움(교육)	삶의 교육, 가르침과 배움, 학습, 앎, 계몽, 자각, 실천, 진로, 더불어 배움, 적성과 재능, 가치와 역량, 지식, 평생 학습 (다음 세대, 학습 센터, 학교)

2. 5가지 키워드(keyword)

■ 전환

미래의 학교 교육은 단위학교 내의 스마트 학습을 넘어 '글로벌 네트워크와 지역사회 네트워크, 가상현실사회와 네트워크'로 확대될 것이다.

다른 한편으로는 전환 마을 운동과 펼쳐지고 있다. 삶의 질을 위한 중산층의 시민 의식 성장, 공유 경제 시스템 확산, 신 자급자족 시대의 등장은, 고도 성장 자원 수탈형 문명에서 지역 사회 중심의 적정 성장 자원 순환형 문명으로의 전환을 유도하고 있다. 이러한 전환 마을 운동은 이미 한국에도 곳곳에 움직임이 포착되고 있는 생태 마을과 전환 마을 속에서 찾아 볼 수 있다. 전환 마을 운동과 마을 교육 공동체운동이 전면적으로 만나게 되면, 현재의 머뭇거리고 있는 교육청 주도의 마을 교육 공동체 사업들이 큰 동력을 얻게 될 것이며, 지역 사회가 교육을 중심으로 통합되는 대전환을 경험하게 될 것이다.

■ 네트워킹과 플랫폼

마을 교육 공동체도 생태주의 관점에서 '네트워크'가 필요하다. 협력적 유기체로서의 상호작용은 공동체의 생명력을 의미하며, 상호작용의 관계망이 바로 네트워크다. 그러므로 구성원들은 독립적인 실체로서 존재하면서도, 독립적인 실체간의 긴밀하게 네트워크화 된 상호작용을 통해 마을 교육 공동체의 형성이 가능해진다.

학교-마을-지자체-시민단체-교육 단체 등이 유기적으로 연결된 교육 생태계를 이루며 개방적인 체계를 추구해야 한다. 항상 외부 환경과 상호작용하면서 생명체와 같이 네트워킹된 복잡성 적응 체계를 보이는 것이 마을 교육 공동체이다. 그러므로 마을 교육 공동체를 다양한 지점에서 실현하고 있는 주체들은, 네트워킹을 어떻게 실체화 시킬 것인가를 고려해 기획하고 실천해야한다.

또한 마을 교육 공동체 내 다양한 분야의 전문 플랫폼을 마련해야 한다. 지역에 따라 다르겠지만, '학교, 마을, 학부모, 전문가그룹, 시민 단체, 교육청, 협동조합, 웹 플랫폼' 등이 플랫폼의 역할을 하게 될 것이다.

앞으로는 '웹 플랫폼'이 더 발전할 것이다. "모든 것이 웹을 통해 제어가 되고, 웹을 통해 돌아가는 시대가 올 것이다."란 명제는 IT 전문가들에게는 당연시되는 사실이다. 그러므로 웹 플랫폼 중심의 생태계를 무시할 수 없다. 스마트 시대에는 인터넷 사업자, 콘텐츠 제공자, 사용자, 기기 제조사 등 다양한 주체들이 만나는 매개 지점이 플랫폼이 될 것이다.

■ 퍼실리테이터 (촉진자)

다양한 형태의 네트워크의 매개 지점마다 플랫폼이 존재하고, 플랫폼의 기능을 수행하는 역할을 하는 촉진자가 존재한다. 이들은 퍼실리테이터 혹은 코디네이터 역할을 하며, 매개자 혹은 촉진자의 역할을 하게 되는데, 그들이 신념을 가지고 헌신과 열정으로 사업을 진행해야만, 전체 마을교육공동체의 네트워크가 유의미하고 효율적으로 작동할 수 있다.

퍼실리테이터는 곧 개인이나 집단의 문제 해결 능력을 키워주고 조절함으로써 조직체의 문제와 비전에 대한 해결책을 개발하도록 자극하고 돕거나, 교육 훈련 프로그램의 실행 과정에서 중재 및 조정 역할을 담당하는 사람을 의미한다. 퍼실리테이터는 팀 구성원들에게 질문을 던지고, 팀 구성원들의 생각에 맞서며, 한편으로는 독려한다.

■ 거버넌스 (governance, 협치, 協治)

사회가 점점 복잡해지면서 정치, 경제, 사회 분야에서 탈산업화, 탈근대화 현상이 나타난다. 근대적 국가 중심의 통치로는 불가능한 요소들이 많고 조정과 연결 그리고 협력을 통한 새로운 국가 운영 방식이 요구됨에 따라 등장한 것이 거버넌스이다.

협의의 거버넌스는 정치적 혹은 사회적 단체, NGO, 민간 조직 등 다양한 주체들의 참여를 기반으로 하며, 참여 주체간의 혹은 외부 환경과의 다양한 네트워크를 중심으로 이루어지는 경우가 많다. 거버넌스는 주민들이 통치의 대상에서 벗어나 스스로 주체가 되는 자치를 실현하는 것을 의미한다. 이런 흐름은 탈권위주의를 표방하는 지방 자치 정부들의 실천을 계기로 본격화되어가고 있다. '민·관·학 거버넌스'에 기초한 혁신 교육 지구 사업을 통해 마을 교육 공동체 조성을 시도하는 지방 자치 단체들도 생기고 있다.

이를 교육 영역에 적용하면, 통제와 훈육의 대상이었던 학생, 동원의 대상이었던 학부모, 관리의 대상이었던 평교사들이 학교 운영의 주체로 교육의 주체로 참여함을 의미한다. 학교는 전문 기관, 시민 단체, 종교 단체, 문화예 술가, 기업 등 마을의 교육 자원을 연계하여 교육과정을 다양하고 풍부하게 운영 할 수 있다.

■ 제4차 산업혁명

미래학자들은 21세기 융복합 기술 문명이 발전하면, 가상 현실·증강 현실 기술을 통해 인공 세계, 모사 세계를 만들어 자연 혹은 실재의 세계를 초월하려는 사회가 등장하고, 기계에 의해 인간이 통제되면, 비인간화가 가속화될 것이라 우려한다. 또한 기술 문명에 대한 의존도가 높아짐에 따라 자아가 기술과 미디어가 구성 해주는 대로 해체와 재구성되는 등 대단히 우려스러운 예측을 하고 있다.

그러므로 교육적 대안(철학, 심리학, 예술, 감성, 융합)과 더불어, 해체되는 가족 공동체를 대신할 수 있는 마을과 지역 사회의 공동체와 돌봄이 더욱 필요해지게 될 것이다.

이 빅 데이터와 딥 러닝을 기반으로 한 인공 지능 혹은 인공지능형 로봇을 활용한 교육이 기존의 주지교과 수업을 상당 부분 대체할 것으로 보인다. 따라서 학교는 재구조화되거나 탈구조화된 사회 센터로, 학습 조직, 학습자 네트워크로의 학교로 변모하게 될 것이다. 또한 학교는 지역 사회와 더욱 밀착될 것이므로 학습 공원화가 가속화될 것이다.

14장.
교육과정 디자인을 정책적으로 지원하려면?

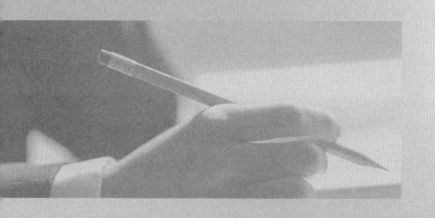

14장. 교육과정 디자인을 정책적으로 지원하려면?

교육과정 디자인이 원활하게 이루어지려면 국가, 교육청, 학교, 교사 차원에서 다양한 제도적, 정책적 지원이 있어야 한다. 또한 이를 위해서는 실질적인 학교 자치가 이루어져야 한다. 이 장에서는 교육과정 디자인을 위한 정책적인 지원 방안에는 어떤 것이 있는지 살펴보고자 한다.

국가 차원에서의 교육과정 지원 방안

■ 국가 수준 교육과정 연구 및 피드백 체제 강화

한국교육과정평가원 등의 국가 기관에서 교육과정 연구 기능을 강화해야 하고, 국가 수준 교육과정이 지역, 학교, 교사 수준에서 어떻게 구현되고 있는지 연구해야 한다. 또한 국가 수준 교육과정에 대한 피드백 체제를 구비하여 지속적으로 발전시켜 나가야 한다.

■ 국가 수준 교육과정 개발 방향에 대한 사회적 합의 추구

정치적, 사회적 이해관계를 조율하고 사회적 합의를 통해 백년지계를 준비할 수 있는 체제를 구축해야 한다. 국가 교육 위원회 등이 이러한 역할을 해 주면 좋지만 '교육부-교육청-교육 지원청-학교'에 국가교육위원회가 덧붙여지면 의사 결정 단계가 한 단계 더 늘어나므로 관료주의의 폐단이 나타날 수 있다. 따라서 교육과정에 대한 전반적인 의사 결정 구조를 검토해야 한다.

■ 국가 수준 교육과정의 대강화

국가 수준 교육과정을 세밀화하지 않고 대강화함으로써 지역, 학교, 교사에게 교육과정 재구성의 자율권을 부여해야 한다.

■ 교육의 지방 자치 및 분권 추구

실질적인 교육 자치는 교육과정을 통해 이루어지므로, 교육부가 가지고 있는 권한을 교육청이나 학교에 과감하게 이행하여 지역 및 학교의 자율권을 강화해야 한다. 또한 교육청과 학교에 교육과정 운영에 대한 전문성 및 책무성을 강화해야 한다.

■ 검인정 교과서 제도 확대 및 심의 기준 완화, 자유 발행제 준비

현재 초등학교는 국정 교과서 체제이지만 조만간 일부 교과목에서 검인정 교과서를 도입할 예정이다. 하지만 일부 과목 뿐 아니라 모든 과목에 검인정제가 도입되어야 한다. 또한 전 과목 검인정제로 운영되고 있는 중등학교의 경우에도, 심의 기준이 까다롭고 상세하다 보니 교과서들이 엇비슷해지는 현상이 나타나고 있다. 따라서 출판사의 특성을 충분히 살릴 수 있도록 심의 기준을 완화할 필요가 있으며, 궁극적으로는 자유 발행제를 도입해 학교나 교사의 교육과정 자율권을 최대한 존중해 주는 방향으로 나가야 한다. 더불어 성취 기준을 보완하여 교육과정의 질 관리가 제대로 될 수 있도록 해야 한다.

■ 수능 절대 평가제 전환

고교 정상화 작업의 일환으로 대학 수능 시험을 절대 평가제로 전환하는 것이 필요하다. 상대 평가 체제에서는 변별력을 갖추기 위해 시험의 난도가 올라갈 수밖에 없고, 그렇게 되면 정상적인 학교 교육과정만으로는 수능 시험을 잘 칠 수 없게 되기 때문이다. 따라서 원래의 수능 취지에 맞게 선발 기능보다 자격 고사 기능으로 나아가는 것이 바람직하다. 입시 현실이 왜곡되어 있을수록 교육의 본질을 중심으로 입시 제도를 개혁해야 한다.

■ 교사별 평가제 도입

현재의 통일된 평가제가 아닌 교사에게 개별 평가 자율권을 주는 방안이 도입되어야 한다. 이 제도를 도입하기 위해서는 교사의 평가 전문성을 강화해야 하고, 행정 업무 축소 등을 통해 추가되는 평가 업무를 감당할 수 있는 여건을 마련해야 하며, 교육 주체들의 사회적인 합의도 이끌어 내야 한다.

지역 차원에서의 교육과정 지원 방안

■ 교육 지원청 축소 혹은 폐지 및 학교 지원 센터
(교육과정 지원 센터) 구축

교사의 행정 업무를 줄이는 가장 좋은 방법은 정부의 간섭을 최소화하고 단위 학교에서 의사 결정을 할 수 있도록 하는 것이다. 그러기 위해서는 교육지원청을 축소 내지 폐지하고 그 자리를 학교 지원 센터(교육과정 지원 센터)가 대신하도록 해야 한다. 교육청이 학교의 상위 행정 기관이라면 학교 지원 센터는 학교 교육과정 운영을 지원하는 기관이다. 상위 행정 기관의 축소나 폐지를 통해 불필요한 공문을 줄이고 교사들이 교육과정과 수업, 평가에 집중할 수 있도록 해 주어야 한다.

■ 민간 차원에서의 교육과정 연구소 설립 및 학교 교육과정 지원
컨설팅 확대

교육청에서는 단위 학교가 교육과정을 파행적으로 운영하지 못하도록 관리 감독하는 장학 역할을 수행하고, 민간 차원에서 교육과정을 연구하고 성공적으로 운영할 수 있도록 컨설팅을 지원해 주는 활동을 활성화해 한다. 서구의 경우 교육과정을 제공, 검증, 지원하는 교육과정 연구 기관이나 재단이 존재한다.[61] 이러한 모델을 벤치마킹

---

61) 대표적인 것이 IB(International Baccalaureate)이다. IB 학위 과정은 대학을 진학하려는 고교생들이 대학의 교양 과정에 준하는 교육 과정을 이수함으로써 대학

하여 행정 기관에서 모든 것을 통제하지 말고 민간 전문 기관에서 학교를 지원할 수 있는 체제로 발전시키는 것이 필요하다.

■ 교장 공모제 확대 및 공정한 운영

교장 공모제는 교장의 교육과정 자율권과 책무성을 강화한다. 학교 수준 교육과정을 구성하여 운영하는 데 있어서 결정적인 역할을 수행하는 사람은 학교장이다. 그러므로 교육 철학과 교육과정 운영 역량이 있는 유능한 사람이 교장이 될 수 있도록 제도적으로 지원하는 방안이 필요하다.

■ 자율 학교 내실화 및 교육과정 운영 지원 예산 확대

자율 학교인 혁신 학교, 특성화고, 자사고의 교육과정 운영 내실화는 물론, 일반 학교도 자율 학교 수준으로 교육과정을 자유롭게 운영할 수 있도록 해야 한다. 사립학교는 교육과정 자율권을 좀 더 부여하는 대신 재정적인 자립을 할 수 있도록 해야 한다. 또한 학교에 배정되는 교육과정 운영 예산을 확대하여 연구 시범 학교나 혁신 학교가 아니더라도 학교 특색 교육과정을 운영하는데 어려움이 없도록 해야 한다. 또한 비인가 대안 학교도 제도권 안에서 지원될 수 있도록 대안 학교 지원법 제정 등을 통해 제도적인 지원 방안이 추진되어야 한다.

교육을 받을 만한 자격과 능력이 있음을 인증하는 특수한 교육과정이다. 이 교육과정은 1971년 처음 스위스 제네바에서 시작되었고, 2011년 현재 전세계 132개국 2,200여 학교에서 시행되고 있다. IB과정은 과목별 인증제 뿐 아니라 Diploma (포괄적 학위제)도 시행하고 있다.

■ 학습 공원 개념 도입 및 마을 교육 공동체 지원 사업 추진

학습 공원이 도입되고 마을 교육 공동체 사업이 보다 활성화될 수 있도록 정책 및 예산을 지원함으로써, 학교 밖에서도 학생들의 배움이 의미있게 일어날 수 있도록 해야 한다.

학교 차원에서의 교육과정 지원 방안

■ 학교 자치의 실현

'학교 자치'란 학교 교육을 담당하는 주체들이 교육의 목적을 달성하기 위하여 자율적으로 의사결정에 참여하는 것이다. 즉, 교육 운영 권한을 학교가 갖고, 교사, 학부모, 학생의 교육 3주체가 자발적인 참여를 통해 학교 운영과 관련된 일을 민주적으로 결정하고 실행해 나가는 것이다. 학교가 학교 교육의 방향과 내용을 자율적으로 결정하고 그 책임도 질 수 있도록 하는 것이라 할 수 있다.

학교 자치의 핵심은 교육과정 자율성이다. 좋은 교육 프로그램들을 짜깁기하기 보다는 교육 주체들이 함께 고민하면서 자체 교육과정을 구성할 수 있도록 도와야 한다.

■ 교육과정 부서 강화 및 학교 교육과정 연구소 설립

교무부, 연구부 기능을 조정하여 교육과정 운영의 전문성을 기르려는 노력이 필요하다. 교육과정 부서를 별도로 두거나 교원 업무 조직 형태를 교육과정 지원 센터 중심으로 구성하면 좋다. 예를 들어 고교 학점제를 성공적으로 운영하고 있는 삼성고의 경우, 교과 대표를 학과장으로 칭하고, 학과장들이 교육과정 지원 센터에 모여 교육과정 운영을 협의한다. 학교 수준 교육과정을 잘 연구하고 운영할 수 있도록 학교 안에 교육과정 연구소를 운영하는 것도 고려해 볼 수 있다.

■ 수석 교사 역할 조정 및 교육과정 디렉터 문제

교육과정 중심으로 교원 업무 조직을 개편할 때 수석 교사가 교육과정 운영 디렉터 역할을 할 필요가 있다. 서구에서는 이미 그렇게 하고 있지만 우리나라의 경우, 수업 컨설턴트 역할 수준에 그치고 있을 뿐이다. 우리나라에서도 행정 전문성이 아닌 교육과정 전문성이 높은 교사가 교육과정 운영 디렉터 역할을 할 수 있어야 한다. 그러기 위해서는 교감은 행정 지원부서 디렉터의 역할을 하고, 수석 교사는 교육과정 운영 디렉터 역할을 하도록 하는 것이 좋다.

교사 차원에서의 교육과정 지원 방안

■ 교사 수준 교육과정 자율권 확대

교사가 곧 교육과정이므로, 교사 수준 교육과정의 자율성을 확대하여 실질적인 교사 수준 교육과정 및 평가 자율성이 극대화되도록 해야 한다.

■ 교육과정 및 평가 역량 강화 연수 실시

교사는 지식 전달자가 아닌 교육과정 기획 및 운영의 전문가가 되어야 한다. 이를 위해서는 교사의 교육과정 및 평가 역량을 강화할 수 있는 연수를 실시해야 한다.

■ 교육과정 개발 전문성 추구

교사가 직접 교육과정을 개발하고 디자인하여 직접 실행할 수 있도록 해야 한다. 아울러 교사가 직접 학습 교재를 개발하여 교실에서 활용할 수 있도록 도와야 한다.

■ 다양한 과목을 가르칠 수 있는 지식 유연성 확대 및 코칭으로서의 수업 필요성 강조

미래 교육에서는 유연하고 탄력적인 교육과정이 강조될 것이다. 그렇기에 지금부터 중등 교사들도 전공 과목 외에 다른 과목을 가르칠 수 있는 기회를 마련해야 한다. 교원 임용 시에도 부전공이나 복수 전공자를 우대하고, 교원 임용 이후에도 다양한 과목을 가르칠 수 있도록 연수 기회를 부여해야 한다. 또한 교사로 하여금 수업을 티칭(Teaching)이 아닌 코칭(Coaching)의 관점에서 접근하도록 도와야 한다. 교사는 지식 전달자가 아닌 학생들과 함께 연구하면서 학생들의 배움이 잘 일어나도록 촉진자 역할을 수행해야 한다.

■ 교사 학습 공동체에의 자발적 참여 노력

교사의 전문성과 역량은 자발적인 교사 학습 공동체 활동에의 참여를 통해 이루어진다. 집단 지성에 의한 교육과정 기획 활동을 통해 교육과정 전문성을 신장시킬 수 있기 때문이다. 따라서 학년 협의회, 교과 협의회 차원에서 교육과정 재구성이나 디자인 활동이 실질적으로 이루어질 수 있도록 도와야 한다.

교사는 미래 핵심 역량을 중심으로 교육과정을 디자인하고, 이를 수업으로 구현하여 평가까지 할 수 있어야 한다. 이제 교사는 지식 전달자가 아니라 교육과정 디자이너, 학습 코치로서의 역할을 감당해야 한다.

교육과정 관련 용어 사전

교육과정 관련 용어 사전

ㄱ

개별 학습
집단 지도와는 달리 교사가 학생 한 사람 한 사람을 개별적으로 특성을 고려하여 학습 지
도하는 방식

갭 이어 (Gap Year)
학업을 병행하거나 잠시 중단하고 봉사, 여행, 진로 탐색, 교육, 인턴, 창업 등의 다양한 활
동을 직접 체험하고 이를 통해 향후 자신이 나아갈 방향을 설정하는 시간. 영국을 포함한
여러 서구 지역의 나라들은 학생들이 고등학교를 졸업하면 바로 대학에 진학하지 않고 1
년 간의 기간에 걸쳐 다양한 경험을 쌓는 갭이어(gap year)를 가짐.

결과 중심 평가
학생이 교수 학습이 종료된 이후 성취 목표 도달 여부를 확인하고자 하는 관점으로
진행하는 평가. 평가 점수(학업성취도) 중심이며 결과 중심 평가, 지필 평가가 해당함

경험중심 교육과정
교과는 일상생활의 경험으로부터 도출되며 학생의 흥미, 욕구, 과거 경험과의 상호
작용을 중시하고, 교사의 학습 촉진자 역할을 강조하는 교육과정

고교 학점제
진로에 따라 다양한 과목을 선택 이수하고 누적 학점이 기준에 도달할 경우에 졸업을 인
정받는 교육과정 이수 운영 제도

과정 중심 평가
교수학습 과정 중에 학생을 평가하여 보다 나은 배움이 일어날 수 있도록 하는 관점으로
평가 점수 이외에 학생의 다양한 자질을 중시하는 평가

교과 내 교육과정 재구성
교과목 안에서 교육과정을 재구성 하는 것

교과 중심 교육과정 재구성
읽기, 쓰기, 듣기, 말하기, 계산 능력 등 사람들이 알아야 할 기본적인 사실과
전문 용어에 대한 지식과 기본 덕목을 가르치도록 하는 교육과정

교과 교실제
대학처럼 학생들이 교과별로 특성화된 교실을 찾아 수업을 받을 수 있도록 하는 체제

교사학습공동체
교사들의 자발성과 자율성을 기초로 구성원들이 협력적으로 상호학습을 하는 모임

교사별 평가
학년별 평가가 아닌 교사 개인별로 자율적으로 평가하여 점수를 부여할 수 있도록 하는
평가 제도. 대학 교수처럼 교사가 평가 자율권을 가지고 평가할 수 있도록 함

교육과정
교육목표, 내용, 방법, 운영 방안, 평가에 관한 종합적인 계획이 담긴 문서

교육과정 디자인
전통적인 의미인 교육과정 편제, 교육과정 내의 교과목을 어떻게 배정할 것인가를
넘어 지식을 재구조화 하고 새로운 지식을 창출하는 방식

교사 수준 교육과정 재구성
교사가 국가 수준 교육과정을 학생 수준이나 특성 등을 고려하여 재구성하는 방식

교육과정-수업-평가-기록의 일체화
교육과정, 수업, 평가, 기록이 분리된 교육과정을 비판하고 이를 일체화하여 교육과정을
운영하는 것. 교사가 재구성한 교육과정을 기반으로 배움 중심의 철학과 가치를 반영한
학생 중심 수업과 과정 중심 평가를 통해 학생의 전인적 성장을 돕는 일련의 과정

교장공모제
기존 교원 승진 제도에 따른 교장 임용방식이 아닌 공개 모집과 심사 과정을 통하여 교장
을 임용하는 방식과 제도

교장초빙제도
교장 자격 소지자 중 학교운영위원회에서 심사해 초빙하는 제도

구성주의 교육과정
학생들의 주체적인 지식 구성과 학습 참여를 목적으로 만든 교육과정. 지식은 절대적인

것이 아니라 상대적이고 주관적인 것, 사회적인 것으로 이해하여
학생의 문제 해결 과정을 중요시하며 교사는 촉진자의 역할을 해야 한다고 주장함

국정 교과서 제도
국가나 지방 정부가 직접 교과서를 제작, 발행하여 학교에서 의무적으로 활용해야
하는 제도

꿈의학교
경기도교육청이 주관하는 꿈의학교는 경기도 마을교육공동체 주체들이 지원하고 촉진하
는 학교 밖 교육활동.

ㄴ

나선형 교육과정
학구적인 전통 학문의 구조를 반복하여 심화, 발전시켜 나가야 한다는 교육과정

ㄷ

다중지능 이론 (MI, Multiple Intelligences)
하워드 가드너가 제시한 지능 이론으로 기존 지능 이론(IQ)에 대하여 비판하고 인간의 지
능은 서로 독립적이고 다른 8가지의 유형의 다양한 지능으로 구성된다는 이론

데세코 프로젝트 (Defining and Selecting Key Competencies)
OECD에서 미래 사회 변화와 핵심 역량에 대해 연구한 프로젝트

동아리 학급제
무학년 학급제를 기반으로 학생들의 공통된 진로 관심사에 따라 학급을 편성하는 제도

디자인 씽킹 (Design thinking)
어떤 문제를 해결하는 데 있어서 지식이나 경험에 의존하지 않고, 직접적 관찰과 공감을
통해 인간을 이해하며, 협력을 통해 다양한 대안을 찾고 적용해보는 방법

디플로마 (Diploma)
교육기관에서 발행한 증명서나 증서로서, 이 문서를 수여받은 사람은 학문의 특정
과정을 마쳤거나 학위를 수여했음을 증명함

ㅁ

마을교육공동체
교육자치와 지역자치가 통합된 지역사회 교육운동

메트 스쿨 ('The Met' school)
미국의 공립학교 중 차터스쿨의 한 유형으로 운영되는 학교.

무학년 학점제
학년에 상관없이 흥미와 진로와 적성 및 수준에 따라 과목 선택이 가능한 학생 중심 교육
과정을 담는 학점제

문제 중심 수업
대표적인 구성주의적 교수 학습 모형으로 학생들이 실제 삶의 문제를 이해하고, 제시된
문제 해결을 위해 개별학습이나 협동학습을 통해 해결방안을 모색하는 수업.
Problem Based Learning을 줄여서 PBL이라고 하면 번역에 따라 문제 중심 모형, 문제
해결 모형, 문제 기반 수업 모형이라고 함.

미네르바 스쿨 (Minerva Schools at KGI)
미국의 혁신적 대학으로 별도의 캠퍼스 없이 온라인 네트워크로만 수업을 받으며,
학생들은 학기마다 전 세계를 돌아다니며 공동생활을 함

ㅂ

반성적 실천가
해마다 달라지는 교육환경에 맞추어 끊임없이 자신을 성찰하고 변화하며, 실천하는
모습을 지닌 교사

배움 중심 수업
경기도교육청에서 수업 혁신 정책 과정에서 새롭게 만들어진 용어로서 교사와 학생이 끊
임없이 질문과 토론을 통해 함께 지식을 창조하고, 형성해 나가는
과정이 존재하는 수업

백워드 교육과정
타일러의 합리적 교육과정 개발 순서를 뒤집어서 접근하는 교육과정으로
설정–평가–계획 수립–학습 경험 선정 순서로 역설계한 교육과정 개발 접근법

범교과적 교육과정 재구성
교과목의 틀을 넘어서 다른 과목 간의 통합을 통해 교육과정을 재구성하는 방식

비폭력 대화(NVC)
NonViolent Communication의 약자이며 미국의 마셜 로젠버그 박사에 의해 제창, 질적인 인간관계를 유지하고, 나의 욕구/필요와 상대의 욕구/필요가 동시에 충족되며, 서로 즐거운 방법을 찾는 대화 방식

ㅅ

사회 중심 교육과정
사회에 필요한 지식을 학생들이 습득하여 사회생활을 잘할 수 있도록 사회의 필요에 맞춘 교육과정

성장 중심 평가
학생의 성장과 발달에 초점을 맞춘 평가. 다른 학생과의 비교가 아니라 자기 자신의 예전과 현재를 비교함으로서 어느 정도 성장했는지 확인하고 피드백할 수 있는 평가 방식으로서 대표적인 방법이 '향상 점수제'임. 구성주의 교육과정 입장에서 강조하는 평가 접근 관점

성취 기준
교사가 무엇을 가르치고 평가해야 할지 국가가 제시하는 구체적인 지침. 내용과 기능, 내용적 지식과 과정적 지식으로 서술되어 있음

수석교사제
교사의 자격 구분을 전문성의 수준에 따라 분화시켜 최상급의 교사를 수석교사로 명명하고 교내 수업 장학, 상담 혹은 연구, 연수 등의 기능을 수행하도록 함. 서구 학교의 경우 교육과정 디렉터의 역할을 수행함

수준별 교육과정
학습 수준이 비슷한 학생들끼리 학급을 구성하여 그에 맞는 교육과정을 제공함

숙의적 교육과정
워커가 주장한 교육과정으로 개발자의 신념, 활동, 상호작용이 잘 나타나며 개발 참여자들의 숙의 과정을 통해 서로의 이해관계를 잘 조정하고 설득하여 타당한 교육과정을 만들어가는 모델

ㅇ

애프터스콜레
덴마크의 자유학년제 학교. 중학교 졸업 후 희망 학생에 한해 진로 탐색 기숙사
자유학교인 애프터스콜레에 입학하여 1년 동안 자유롭게 공부하면서 진로를 탐색해
볼 수 있는 제도

역량
지식과 기능뿐 아니라 태도, 감정, 동기 등을 총 가동하여 특정 맥락의 복잡한 요구를 성
공적으로 충족시킬 수 있는 능력

역량 중심 교육과정
미래 사회의 불확실성, 미래에 필요한 지식 문제와 변화 등이 배경이 되어 미래 사회에서
필요한 핵심 역량을 강화할 수 있도록 만든 교육과정

연계학기제
중학교 1학년에 시행하는 자유학기제 또는 자유학년제 이후 중 2, 3학년에서도
자유학기제 연계 프로그램을 운영하여 계속해서 진로를 탐색할 수 있도록 하는 제도

온작품 읽기
기존의 교과서에 발췌되어진 일부분을 읽고 수업하는 것이 아니라 온전히 한 권의
책을 읽은 후 토론하는 수업. 전국국어교사모임에서 중심이 되어 처음 진행된 운동으로
서 2015 교육과정에서 '한 학기 한 권 읽기'로 반영됨.

융합 STEAM 교육
과학, 기술, 공학, 미술, 수학의 준말로 1990년대 들어서 미국과학재단(NSF)이
집중적으로 사용하기 시작한 용어

이해 중심 교육과정
미국 중등 학생들의 학력 저하 현상으로 인해 국가 차원에서의 학력 관리 필요성이
대두되면서 생겨난 교육과정. 학습자의 진정한 이해를 위한 설명, 해석, 적용, 관점,
공감, 자기 지식을 강조하는 교육과정으로 구체적인 평가 계획을 제시하여 이에 맞는 수
업을 하며 핵심 개념과 원리 등이 다른 영역으로도 전이가 일어날 수 있도록 함

인정제 교과서
국가의 교육부에서 교과서로 인정을 받은 후에 학교에서 채택해 사용되는 교과서 제도

인턴십 교육과정

학생들이 기업 구성원으로 기업 현장에 참여하여 실제 프로젝트를 경험하고 인생의
가치와 방향을 발견하며 자기탐색, 자기발견, 자기 혁신의 기회를 체험하는 과정.
또한 다양한 역량과 전문적인 지식을 체득하며 학습 연장선으로 기업에서 진행되는
절차를 경험해보는 과정

ㅈ

자유발행제 교과서
교과서 제작 및 채택에 국가가 개입하지 않고 국정, 검인정 과정 없이 학교가 자율적으로
교과서를 선택할 수 있는 제도

전환마을
기존 마을을 '대안적 가치를 기반한 독립생태 마을의 형태'로 전환하여 혁신하고자
하는 마을

전환학년제
아일랜드의 자유학년제를 뜻하며 중학교 졸업 이후 희망자들이 고1 과정에서 전환
학년제를 통해 시험에 대한 압박 없이 다양한 활동 및 진로 탐색 활동에 참여하며
자신의 진로를 탐색하는 기간

중학교 자유학기(년)제
중학교 과정 중 한 학기 또는 두 학기 동안 지식·경쟁 중심에서 벗어나 학생 참여형 수업
을 실시하고 학생의 소질과 적성을 키울 수 있는 다양한 체험 활동을 중심으로 교육과정
을 운영하는 제도

지식 중심 평가
지식의 구조를 잘 이해하고 있는지에 초점을 맞춘 평가로 교과중심 교육과정, 학문
중심 교육과정 입장에서 많이 적용함

직업 기초 역량 (NCS)
국가직무능력표준(NCS, National Competency Standards)은 산업현장에서
직무를 수행하기 위해 요구되는 지식·기술·태도 등의 내용을 국가가 체계화한 것,
국가직무능력표준으로 제시된 역량들을 말하며 그 종류로는 의사소통능력, 수리능력,
문제해결능력, 정보능력, 기술능력, 조직이해능력, 자원관리능력, 자기개발능력,
대인관계능력, 직업윤리능력 등이 해당됨

진로 코칭
인생의 가치와 방향을 발견하고 자기탐색, 자기발견, 자기혁신을 경험하며 미래적

역량과 전문적인 지식을 체득하기 위해 다양한 영역에서 체험하고 성찰하도록
코칭하는 활동

ㅋ

코세라
미국의 교육 및 기술 회사로 세계 최대의 MOOC 플랫폼

퍼실리테이터 (facilitator, 촉진자)
회의나 교육 등의 진행이 원활하게 되도록 돕는 역할. 팀 구성원들에게 질문을 던지고, 팀
구성원들의 생각에 맞서며 한편으로는 독려하고
팀이 그들 자신의 행동에 대해 더 잘 알도록 해주는 역할.

포워드 교육과정 (Forward, 순방향)
타일러의 합리적 교육과정인 교육목표-학습 내용-학습 방법-평가의 순서로 된
교육과정

프로젝트 수업
교사에 의해 주어진 학습 목표에 따라 단원 내용을 학습하는 형태가 아닌 학생들 스스로
문제의식을 가지고 주제를 선정하는 단계부터 조사나 연구, 발표 및 평가에 이르기까지
학습의 전 과정에 걸쳐 학생들 스스로가 적극적으로 참여하는 수업 모형

플립 러닝 (flipped learning, 거꾸로 수업)
온라인을 통한 선행학습 뒤 오프라인 강의를 통해 교수와 토론식 강의를 진행하는
역진행 수업 방식

피드백 활동 (환류 활동)
학습 목표와 성취 기준에서 제시하고 있는 수준에 미달한 경우, 일단 점수를 부여하되 그
이유에 대하여 이야기하고 추가 시간을 주어 부족한 부분을 채울 기회를 제공하는 것

ㅊ

차터스쿨 (Charter school, 협약학교)
학부모와 교사와 지역사회 인사들이 참여하여 교육위원회로 공동 운영하는 학교로 교육
철학과 교육과정에서는 자율적이지만 교육 상부 기관의 예산 지원을 받는 혁신학교의 형
태

ㅎ

하브루타 (havruta)
나이, 계급, 성별에 관계없이 두 명이 짝을 지어 서로 질문을 주고 받으면서 공부한
것에 대해 논쟁하는 유대인의 전통적인 토론 교육 방법

학문 중심 교육과정
지력 개발 및 학문의 구조에 대한 이해력을 높이는 것을 목적으로 모든 교과는 기본 개념,
법칙과 원리, 주제와 요소들 간의 상호 관련성 등과 같은 기본 구조를 가지고 있으며 이러
한 학문의 기초를 알면 새로운 지식을 더 만들어낼 수 있음을 강조하는 교육과정

학생 선택형 교육과정 (학생 맞춤형 교육과정, 학생 중심 교육과정)
학생이 자신의 흥미와 적성에 따른 자유로운 과목 선택을 통해 스스로 진로를 탐색
하면서 자신의 과정을 만들어가는 교육과정

학생 수업 개설권
학생들이 자신의 흥미나 적성을 고려하여 직접 수업을 개설할 수 있는 권한

학습 가족
벨기에 학습 및 재설계 연구소의 보고서에서 제시한 미래학교 내 아카데미 속에
존재하는 15-20명의 학습공동체

학습 공원
벨기에의 'learning and redesign lab'에서 소개한 미래 학교의 형태로 전통적인
학교 공간 대신 지역사회와 통합되어 연령과 관계없이 다양한 배경의 사람들이 만나
서로에게 배우는 학교

합리적 교육과정 개발 모델
타일러가 주장한 교육과정으로 논리적이고 계열화된 전형적인 구조로 제한된 자원
속에서 효과적인 실천 성과를 거두기 위한 기준을 제시한 교육과정. 교육 목표-내용-방
법-평가 순서로 개발함. 주로 국가 수준 및 지역 수준 교육과정 개발 과정에서 사용됨.

혁신학교
공교육의 획일적인 교육 커리큘럼에서 벗어나 창의적이고 주도적인 학습능력을
배양하기 위해 시도되고 있는 새로운 학교 형태

협동조합
경제적으로 약한 지위에 있는 소생산자나 소비자가 서로 협력, 경제적 지위를 향상시켜

상호복리를 도모할 목적으로 공동출자에 의해 형성된 기업

홀랜드 검사
6개의 직업적 성격 유형(진로 유형)을 측정하여 전공 또는 직업을 찾을 수 있도록
도움을 주는 검사

홈스쿨링 (homeschooling)
학교에 보내지 않고 부모가 중심이 되어 집에서 학습을 하는 대안교육 형태

회복적 서클(Restorative Circle)
갈등을 겪고 있는 사람들 사이의 신뢰와 연결을 회복할 수 있도록 공동체가 함께
지원하는 프로세스

4차 산업 혁명
인공지능, 인터넷, 빅데이터, 모바일 등 첨단 정보통신 기술이 경제·사회 전반에
융합되어 혁신적인 변화가 나타나는 차세대 산업혁명

CERI
OECD 산하에 있는 교육혁신 센터의 약칭

MOOC
온라인 공개 수업(Massive Open Online Course)

PISA (Program for International Student Assessment)
OECD 주관 학업성취도 국제 비교 연구로서 각국 교육정책 수립의 기초자료를 제공하기
위해 만 15세 학생을 대상으로 읽기, 수학, 과학 능력을 평가하는 프로그램

R&E 활동
학생들이 관심있는 주제에 대해 조사 및 연구활동을 하고 이에 대한 보고서나 논문을 쓰
는 활동

TCN 전문성
미래 교사가 추구할 전문성의 영역을 Teaching, Coaching, Networking 3가지로
보고 이를 줄여서 TCN이라고 부름

"미래를 여는 교육과정 재구성" 원격 연수 목차

모듈	차시	제목
4차 산업혁명 시대의 미래교육을 전망하다	1	4차 산업혁명과 한국 교육의 대전환
	2	미래 교육의 방향과 특징
	3	미래 학교의 시나리오
미래형 교육과정을 준비하다	4	교육과정 재구성 및 디자인
	5	교육과정의 역사
	6	교육과정의 담론과 핵심 질문
	7	교육과정의 핵심 역량
	8	교육과정 개발 모델과 이해 중심 교육과정
	9	교육과정 재구성의 방향과 유형
교육과정 담론을 살피다	10	교육과정-수업-평가-기록의 일체화
	11	자유학년제의 이해
	12	자유학년제의 실제
	13	학생 선택형 교육과정과 고교 학점제
	14	학생 선택형 교육과정의 학교 사례
	15	인턴십 교육과정
	16	인턴십 교육과정 운영을 위한 진로 코칭
	17	미래형 교수 학습 방법1
	18	미래형 교수 학습 방법 2
	19	미래형 수업 평가
교육과정 재구성에 도전하다	20	프로젝트 수업과 교육과정 디자인
	21	다중지능 이론과 교육과정 디자인
	22	교과 내 교육과정 재구성의 이해
	23	교과 내 교육과정 재구성의 실제
	24	교과 내 교육과정 재구성의 실습
	25	범교과적 교육과정 재구성의 이해
	26	범교과적 교육과정 재구성의 실제
	27	범교과적 교육과정 재구성의 실습
미래형 학교 교육과정을 실현하기 위한 지원 방안을 모색하다	28	미래학교의 모델, 학습공원 그리고 마을교육공동체
	29	교육과정을 디자인하는 교사 학습 공동체
	30	미래형 교육과정을 위한 정책 및 지원 방향

수업디자인연구소를 소개합니다!

수업디자인연구소(www.sooupjump.org)는 수업 혁신과 교사들의 수업 성장을 돕기 위해 수업 관련 콘텐츠를 지속적으로 연구 개발하고, 연수와 출판을 통해 콘텐츠를 확산하고, 수업 전문가를 지속적으로 양성하고 수업공동체 운동을 지원하고자 합니다.

■ 활동 방향

1. 수업 혁신을 위한 다양한 콘텐츠 개발 및 보급

2. 지속적인 수업 성장을 위한 수업 코칭 활동

3. 수업 전문가 양성

4. 수업공동체 지원 및 좋은 학교 만들기 활동

5. 교육 디자인 네트워크 활동 및 교육 관련 단체들과의 연대 활동

■ 활동 내용

1. 수업 혁신 콘텐츠 개발 연구 (질문이 살아있는 수업, 수업 공동체 만들기, 철학이 살아있는 수업 등)

2. 수업 혁신 콘텐츠 보급 (출판 및 학습 도구 제작 등)

3. 외부 연구 프로젝트 추진 (교육부 주관 인성 교육 및 자유학기제 자료 개발, 비상교육 주관 질문이 살아있는 교과 수업 자료집 시

리즈 등)

4. 교원 대상 연수 활동 (서울시교육청, 부산시교육청, 대구시교육청, 세종시교육청, 서울 강남, 경기 용인교육지원청 등 주관 연수, 각종 교사 학습 공동체 및 일선 학교 대상 연수, 온라인 원격 연수 (티스쿨 원격 연수원, 티쳐빌 원격 연수원, 아이스크림 원격 연수원 등)

5. 수업 혁신 콘텐츠 온라인 홍보 (홈페이지, 블로그 및 각종 SNS 활동 등)

6. 수업 전문가 양성 프로그램 (수석 교사 및 일반 교사 대상 수업 디자이너 아카데미 운영)

7. 수업콘서트 (교사들을 위한 수업 이벤트)

8. 수업 코칭 활동 (개별 및 단위 학교, 교육청 주관 수업 코칭 프로그램 수업 코치 및 헤드 코치)

9. 교사 힐링 캠프 (교사 회복 프로그램)

10. 학교 내 교사 학습 공동체 지원 및 외부 교육 단체 및 기관 연대

연락처 : 김현섭 소장

(010-7590-1359/eduhope88@hanmail.net)

(사)교육디자인네트워크를 소개합니다!

(사)교육디자인네트워크(www.edudesign21.net)는 교육 혁신을 위한 씽크 및 액션 탱크 역할을 지향합니다.

- 현장 교원과 연구자를 중심으로 한 따뜻한 전문가 주의와 실천 연구 조직
- 연수받는 존재가 아닌 연구하고 공유하는 존재로서의 교사
- 이론과 경험, 정책과 현장, 교육과 연구, 초등과 중등의 이분법 극복
- 각 영역별 연결과 협업, 소통과 나눔이 있는 플랫폼 조직
- 학습 공동체, 연구 공동체, 역량 공동체, 실천 공동체
- 연구자, 학부모, 교원, 전문 직원 등이 함께 어우러지는 공동체를 지향합니다

현재 (사)교육디자인네트워크(대표 김현섭, 이사장 안종복)에는 교육과정디자인연구소(임재일 소장), 교육디자인리더십연구소(안종복 소장), 교육정책디자인연구소(김성천 소장), 보건교육디자인연구소(윤선자 소장), 부모교육디자인연구소(김성경 소장), 비주얼씽킹디자인연구소(김해동 소장), 수업디자인연구소(김현섭 소장), 유아교육디자인연구소(이선혜 소장), 코칭디자인연구소(김은주 소장), 평화교육

디자인연구소(이동갑 소장) 등 10개 연구소가 함께 하는 플랫폼 조직입니다. 현재 새내기 교사 아카데미 및 월례 정기 공개 특강 등을 개최하고 있으며, 앞으로 다음과 같은 다양한 활동을 진행하고자 합니다.

- 네트워크 협의회 운영을 통한 각 연구소별 소통과 협업, 연대 강화
- 교사 성장 단계별 아카데미 공동 운영 (예: 새내기, 수석교사, 전문직원, 학부모 등)
- 연구소의 연구 및 실천 성과 홍보 (예: 뉴스레터, 블로그, 페이스북 페이지 등)
- 논문과 보고서, 저서를 통한 출판 운동
- 각 연구소의 컨텐츠를 결합한 학교혁신 운동
- 분야별 컨설팅 (예: 연구, 수업 등)
- 정기 모임을 통한 학습
- 각 연구소 사업 홍보 및 지원 등의 사업

◦ 연락처 : 031-502-1359 / eduhope88@naver.com
◦ 주소
· 광화문 센터 : 서울시 종로구 세종대로23길 47, 미도파빌딩 411호
· 군포 센터 : 경기도 군포시 대야2로 147, 201호

교육디자인네트워크
EDUCATION DESIGN NETWORK